EDTECH ESSENTIALS: 12 STRATEGIES FOR
EVERY CLASSROOM IN THE AGE OF AI

人工智能

如何应用于课堂

[美] 莫妮卡·伯恩斯 Monica Burns 著

中国青年出版社

图书在版编目（CIP）数据

人工智能如何应用于课堂 / (美) 莫妮卡·伯恩斯著；侯雯洁译. -- 北京 : 中国青年出版社, 2025. 7.

ISBN 978-7-5153-7821-3

Ⅰ. G434

中国国家版本馆CIP数据核字第2025DA2702号

人工智能如何应用于课堂

作　　者：[美] 莫妮卡·伯恩斯
译　　者：侯雯洁
责任编辑：肖妩嫔
美术编辑：佟雪莹
出　　版：中国青年出版社
发　　行：北京中青文文化传媒有限公司
电　　话：010-65511272 / 65516873
公司网址：www.cyb.com.cn
购书网址：zqwts.tmall.com
印　　刷：大厂回族自治县益利印刷有限公司
版　　次：2025年7月第1版
印　　次：2025年7月第1次印刷
开　　本：787mm × 1092mm　　1/16
字　　数：170千字
印　　张：16.5
京权图字：01-2025-1639
书　　号：ISBN 978-7-5153-7821-3
定　　价：59.90元

各方赞誉

莫妮卡·伯恩斯是技术教育（EdTech）领域的杰出领航者和积极倡导者，是教师的贴心好友，是管理者的战略盟友，更是学生探索数字化学习的坚实后盾。这本睿智且富有深意的技术教学指南，是她迄今为止的巅峰之作。本书关乎着如何让技术教育体验变得重要，如何深化教师与学生的合作，以及如何在各个层面激发教学和学习的热情。她满怀关切，极富人文关怀，倡导教育从业者借助教育技术追求卓越教学，不仅为教育工作者的前行之路点亮明灯，更为师生提供实现成功的实用工具。这本书，将成为你教育工具箱中不可或缺的利器，不容错过。

——帕姆·艾林（Pam Allyn）

识字专家、作家和活动家

莫妮卡·伯恩斯再度为教育技术领域树立标杆。本书内容实用，精准聚焦了课堂技术应用的核心领域，在数字空间系统地为学生构建了全方位的互动支持体系，确保师生、生生的每一次互动都有效。无论你是支持教师专业发展并制订学年战略规划的教育系统中的管理者，还是希望将优质数字学习体验融入教学设计的一线教师，你都将从本书中收获教学优先考虑的关键能力框架。此外，本书还为你提供指导学生成为数字内容创造者、信息批判性消费者及协同学习者的结构化工具。本书整合了大量全新的、经实证有效的教学技术工具与资源矩阵，可即刻应用于各种教学实践场景。鉴于此，请将这本佳作迅速列于你的专业阅读清单。

——托马斯·C.默里（Thomas C.Murray）

创新总监、《重新定义学习》作者

凭借深厚的教育技术背景和丰富的实践经验，莫妮卡·伯恩斯精心打造了一部每位教育工作者都能从中获益的宝贵资源。她的著作聚焦于学习者如何在快速变化的世界中有效利用数字工具，要具备何种关键能力。尽管技术日新月异，莫妮卡强调，有效的教学法始终是核心所在。本书内容通俗易懂，提供了大量即学即用的实用策略。

——埃里克·申宁格（Eric Sheninger）

国际教育领导力中心合伙人、畅销书作者

莫妮卡·伯恩斯博士不仅深化了核心学术框架，更创新性地融入了人工智能教育应用的前沿视角，强化了人工智能在教育领域中日益重要的战略地位。本书为亟需应对教育技术快速迭代的专业人士，提供了一个不可或缺的起点。

——马奎塔·S.布莱兹博士（Dr.Marquita S.Blades）

教育顾问、《赋能型教学策略》作者

作为备受信赖的教育界领军人物，莫妮卡·伯恩斯持续推出鼓舞人心且极具实用价值的指导性著作，全方位支持不同发展阶段的教育工作者提升教学水平。本书紧随时代潮流，特别设计有关人工智能、媒体素养方面的一系列前沿资源的内容，并整合前沿性教学资源体系，为教育实践者提供可直接迁移的解决方案。莫妮卡凭借其深厚的教育技术研究积淀，将复杂的技术概念阐述得清晰易懂，为那些忙于教学而无暇顾及技术快速变化的教育工作者提供了易于理解的定义、简明的工作流程和切实可行的建议。无论你是新手还是专家，本书都将是每位教育工作者、学习教练和教育领导者的必备读物。

——迈克尔·埃尔南德斯（Michael Hernandez）

屡获殊荣的教师、《有目的的故事讲述》作者

《人工智能如何应用于课堂》堪称教育技术整合的学术典范。莫妮卡通过严谨的学术论证，系统呈现了确保所有学习者实现成功的工具遴选标准、技能培养路径及教学实施规范，充分彰显其教育技术传播者的学术使命。

——艾尔·托马斯（Al Thomas）

国际教育领域演讲专家及顾问

本书为教育机构和从业者提供了系统化的技术赋能实践框架，包含了促进深度学习的战略性实施方案，又对教育人工智能领域的应用进行了批判性的审视。本书旨在整合K-12全学段及混合式学习场景中的示范性案例、启发性提示与创新性教学法，培养师生在校园内外有效构建数字化实践能力。在本书中，莫妮卡·伯恩斯博士精心设计了一系列数字公民素养的学习活动，为教育主力提供了培养数字公民素养的路径，引导学生在数

字时代成为合作者和创造者。

——米歇尔·L. 海肯博士（Dr. Michele L. Haiken）

教育工作者、专业著述者

本书对现存教育技术资源去粗取精，为教师和学生提供了明晰实用的内容。基于“以学习者为中心”的理念，莫妮卡全面展示了创新性教学理念、优质教育资源及典型课堂实例。本书资源工具丰富，兼备实操性，提供多个结构化反思场景，具有极高的参考价值和应用价值。无论你是在面对面线下场域还是数字化学习环境中教学，阅读本书，你定会从中收获启发，帮助学生更高效地学习，具备更成熟的协作能力和创新能力。

——娜塔莎·拉切尔博士（Dr. Natasha Rachell）

亚特兰大公立学校教学技术部主任

此书献给我的母亲：

我的老师、人生导师和缪斯

目录

前　言

人工智能时代，每位教师都应考虑的教育技术必备要素

当我们思考“必需品”时，通常会联想到水、食物和住所等基本需求。然而，每个人的需求各不相同，有些人可能会将无线网络、智能手机或一本心爱的书也列为必需品。根据《韦氏词典》的定义，“必需品”具有双重内涵：

- 极其重要的事物。
- 必不可少、不可或缺或无法避免的事物。

在当今社会环境中，技术应用能力已成为公民基础素养的重要组成部分。新兴技术重塑了我们的沟通方式、探索世界的方法、内容创作的方式，而且我们深知持续的技术迭代将会带来更深层次的社会变革。

在本书中，我们将探讨在数字时代下，助力学习者持续取得成功和应对未来所需的教育技术能力框架。值得一提的是，生成式人工智能（Generative AI）的普及化应用和技术民主性（易得性），促使当今每位教育工作者和学生重新审视教育技术核心素养的核心内涵。

需要明确的是，人工智能（AI）在我们生活中的存在并非新鲜事。许多教育工作者已采用自适应人工智能技术（Adaptive AI）工具，能够在学生在线回答课后小练时提供资源辅助，并根据全班的学情诊断结果调整

教学内容，以满足学生多样化且个性化的需求。

相较而言，生成式人工智能通过多源信息重组技术，实现了图像合成、视频生成、文本或音乐创作的全维度内容生产，它不是简单地搜索已有的内容，而是通过整合来自多个来源的信息来创建新的内容。

本书旨在帮助教育工作者应对这一不断变化的技术环境，满足学生的需求。着力回应了人工智能教育时代的3大命题：生成式人工智能教育工具的指数级增长；对话式人工智能的普适化接入；新影响下师生对人工智能工具的迫切需求。

本书超越了快速参考指南对生产力和工作流程的关注，特别设计了“充分利用生成式人工智能开发教学资源与创意”“以人工智能思维评估数字内容”两大专题章节，并配套提供经过教学验证有效的聊天机器人提示词语库（详见附录C）。这些创新内容突破了传统效率工具范畴，形成了完整的人工智能时代教育技术解决方案。全书贯穿了与12项核心要素相辅相成的策略，以帮助教育工作者适应人工智能时代的教育需求。

尽管许多孩子在学校内外都能接触到数字工具，但这些体验的质量参差不齐。有些学生可能在家听播客，感受到不同的人工智能总结先导内容的细微差别。而另一些学生可能听说过“人工智能”，却不清楚“用人工智能思维评估内容”的具体含义。（拥有人工智能思维是一种能辨识出AI生成内容——图片、文本或视频——的真实性的认知能力。我们将在后续章节中进一步探讨这一概念。）

如果我们真正相信教育的社会使命是为所有孩子的未来成功做好准备，那么为学生构建深层次、有意义、多样化的技术教育场景，让他们体验其中就是势在必行的。在本书中，我分享了相关的实例、想法和行动建议，适用于跨学段（从幼儿园到12年级）、全学科，并适用于配备各种设备和程序的教室。

12项核心要素

在教育技术领域，面对众多选择，聚焦核心要素至关重要。为了将讨论集中于真正重要的内容，我将关键技能和策略精炼为12项核心要素，强化了人工智能时代下的教育主体：教师与学生。如果你熟悉我的著作《教学任务优先于应用程序：在技术丰富型课堂中设计精准的学习》（*Tasks Before Apps:Designing Rigorous Learning in a Tech-Rich Classroom*），你会了解我秉承学习必须始终处于核心位置的理念，数字工具的应用必须服务于明确的发展目标。

我经常被邀请就如何“充分利用”教育技术发表演讲。无论是主题演讲还是非正式交谈，我常常会用一个生动的比喻——蚯蚓堆肥——来说明问题。

作为纽约市的一名教师，我的职业生涯始于一间配备粉笔、黑板和投影仪的传统教室。后来，平板电脑（例如iPad）的出现带来了新的教学工具，我有幸在我的5年级班级中开设了一对一项目的试点。那么，蚯蚓是如何与此联系起来的呢？在我的教室一角，有一辆崭新的平板电脑推车，而在另一角，则是一个装满蚯蚓的堆肥箱。我们不可能把香蕉皮或苹果核扔进平板电脑推车里并期待任何积极的结果；但如果我们把这些可堆肥物品放入蚯蚓堆肥箱，就会发生显著的变化。两者各有其用途，且不可相互替代。

在数字化学习环境和线下教学体验之间保持有意的平衡，需要深思熟虑的规划以及对学生有效利用技术的需求有清晰的认识。在这本书中，我分享了12项关键的教育技术策略。这些策略可以灵活地融入全学年教学设计方案，既能丰富现有的内容，也能有效地对齐教学目标。

第1项：高效导航在线空间：创造搜索即学习的体验。

第2项：精心挑选资源，支持每一位学生。

第3项：充分利用生成式人工智能：开发教学资源与创意。

第4项：以人工智能思维评估数字内容。

第5项：与学生一起探索世界。

第6项：跨数字空间协作。

第7项：创建多模态学习成果。

第8项：评估以检查理解情况并调整教学方向。

第9项：分享学生创作：大处着眼，小处着手。

第10项：让学生与真实的受众建立联系。

第11项：在不同的数字空间中迁移技能。

第12项：规划技术丰富型学习体验。

尽管每一项策略都足以成书，但我选择在每一章中对其进行概述，重点介绍其主要组成部分。我的初衷是为你提供立即付诸行动的信息和建议，并分享一些可供参考的关于未来规划的想法。每一章都包括对所讨论技能或策略的概述：为什么这至关重要、与研究的关联性、适用于所有年级的课堂实例、教育技术工具箱与资源库、用于规划与反思新学习体验的指导性问题（个人规划与反思/与同事共同规划与反思）。

与ISTE标准相衔接

这12项关键的教育技术的核心要素和策略与国际教育技术协会（ISTE）标准体系紧密契合。国际教育技术协会作为全球教育技术领域权威组织，汇聚了致力于智能化教育技术整合的专业教育工作者。

过去10年间，我持续参加ISTE年会，并发表主题演讲，积累了很多宝贵的经验。ISTE标准体系“为学习、教学和领导者构建了技术应用能力框架，并为全球学校有效使用技术应用规范了系统化实施路径。这些标准基于学习科学的研究理论和从业者的实践经验，确保技术在学习中的应用能够创造高影响力、可持续、可扩展且公平的学习体验”。以下是对标准各部分的概述：

ISTE学生标准（2016年）：当今的学生必须为不断变化的技术环境做好准备。该部分旨在赋予学生话语权，并确保学习是一个以学生为主导的过程。

ISTE教师标准（2017年）：该部分为帮助学生成为有能力的学习者提供了路线图。这些标准将深化教师的教学实践，促进与同事的合作，建立协作型专业发展网络，鼓励教师重新思考以突破传统教学模式的桎梏，培养学生的自主学习能力。

ISTE教育领导者标准（2018年）：该部分重点关注教育界领导者如何为教师赋能，如何促进学生习得所需知识和行为，并与学生标准部分和教师标准部分的实施相辅相成。聚焦关注教育公平、数字公民素养、愿景规划、团队和系统建设、持续改进以及专业发展。

ISTE教学指导标准（2020年）：该部分展示了当今教学技术教练、

技术指导人员的专业标准，包括其特征、活动、理念和思维模式。由于上述主体在能力建设和技术实施方面有着不可替代的作用，教学指导部分的标准将为他们具备高影响力、可持续性、可扩展性和公平性持续助力，以惠及所有人。

阅读全书，你将看到与上述标准相关的策略和实例。

教育技术之旅的燃油

在本书末尾，包含4大战略性附录和一份反思指南，为你提供了一系列资源，帮助你设计并实施符合12个核心要素的学习体验：

附录A：总结了各章的核心概念，辅助教育工作者制定技术整合优先级方案。

附录B：提供目标设定、过程评估、打造教育技术工具箱的专业化模板（行动资源指南）。

附录C：包含经过教育场景验证的生成式人工智能提示词工程案例库（莫妮卡推荐与聊天机器人交流的常用提示词），你会从中找到一些探索生成式人工智能时尝试的提示。

附录D：分类呈现最新教育技术工具矩阵。

反思指南：你会据此进一步探索本书倡导的理念，或者将其中内容分享给你所在学校的读书俱乐部和学习社区。这部分内容也为你提供了一个反思专区。

无论你刚刚入行，还是在教育界深耕几十载，你都知道每个学年都各有不同，你可能会根据不同的情况进行调整。在与你的学生共同积累教学经验时，你可借鉴我共享的思路并将其化为己用。

作为教育工作者，你是内容方面的专家，而且你最了解自己的学生（以及同事）。我的职责在于助力让教育科技变得更为简便，这样你可以带着目的将数字工具融入课堂，并将教育技术所提供的各种优势发挥得淋漓尽致。

第 **1** 章

高效导航在线空间

创造搜索即学习的体验

处理 handle	操纵 maneuver	操作 operate	旅程 journey
横穿 transverse	通过 pass	管理 manage	

无论清晨还是深夜，从你今早起床到现在，短短几个小时或一整天的时间里，你很可能已经浏览过许多网络空间。你是否滚动阅读了一篇博客文章，或者听过一期播客？你是否打开搜索引擎查找问题的答案？你和你的学生在过去24小时内很可能在不同的网络空间中点击、保存、播放和分享过内容。

鉴于日常生活中网络活动的普遍性，学生们应当对如何找他们所需的信息了如指掌，并掌握能够充分利用网络上可获取内容的方法。这种能力不仅包括充分利用网站或熟练使用移动应用程序中的每一项功能，还涉及评估和整合互联网上看似无穷无尽的内容，并克服实际操作中出现的种种挑战（如点击哪个按钮才能迅速获取所需信息）。

尽管我们身边的孩子总是表现得天赋异禀，他们一拿起设备就能立即发现各大社交媒体平台中热度最高的频道和博主或者如病毒般传播的短视频。但我们知道，学生之间接触设备的机会以及使用技术的质量体验可能存在显著差异。所有学生都需要具备高效地在网络空间中导航的能力。在本章中，我们将探讨在线空间导航包含的具体内容，为何它如此重要，以及教育工作者如何为学生创造培养这种关键技能的学习环境。

为何这至关重要

无论是乘坐地铁在纽约市穿梭，还是驾驶汽车行驶在地面道路上，当我们进入任何新环境或熟悉的物理空间时，导航能力都至关重要。当学生在网络空间中探索时，这一原则同样适用。

在本书中，我使用“在线空间”这一统称来描述学生可通过网络访问的在线内容与交流渠道。在线空间包含但不限于：发布推文和博客的网站，提供短视频剪辑和教程的视频平台，以及通过智能手机或平板电脑以多媒体格式向学生呈现信息的移动应用程序。这些空间随着时间不断演进，其运营公司名称和用户界面也在持续更新迭代。

当前在线内容的消费渠道空前丰富。据相关统计，油管（YouTube）用户每天观看视频的时长超10亿小时；抖音国际版（TikTok）用户每天平均花费近1小时浏览内容；在线流媒体音乐播放平台声田（Spotify）更是收录超过500万档播客节目——其中包括我的播客《轻松教育技术》（*EasyEdTech Podcast*），充斥着大量专为学生、教育工作者和大众市场设计的叙事性与知识性内容。这些平台名称已融入大量数字设备使用者的日常语汇。

ISTE学生标准指标1.1.d指出：

学生应掌握技术操作的基本概念，能够选择、使用和排除当前的技术故障，并能将所学知识迁移至新兴技术的探索中。

高效掌握在线空间导航技能显然是一项至关重要的能力。这项技能与媒介素养直接相关，是媒介素养教育的重要组成部分。美国媒介素养教育协会（NAMLE）将媒介素养教育定义为：培养学生"获取、分析、评估、创造和行动"所需技能与知识的全过程，涵盖所有形式的交流。该协会将"媒介"界定为包括数字媒体、计算机、电子游戏、广播、电视、移动媒体、印刷品，以及"我们尚未想象的通信技术"在内的广泛载体。

在不同年级和学科领域，向学生传授在线空间导航技能的时机与方式，以及为他们提供实践这些技能的机会会有所差异。然而，有一点是确定的：所有年龄段的学生都应该获得充分的机会来练习在线空间导航技能。

探索数字内容的特征

消费者不只是食物链或供应链中的一环——即便我们有时觉得自己在以顶级掠食者的凶猛劲头来"吞食"内容。尽管我特别喜欢用鲨鱼或恐龙来举例，但在本章中，这个涵盖面极广的词"消费者"指的是那些在在线空间阅读、观看和收听内容的人群，比如你和我，以及我们的学生。

作为在线内容的消费者，学生们在各类设备上浏览时都会接触到关键产品——文本、链接、图像、音频以及视频。在后文，我们将以这些产品为考量来示范如何在线上空间中导航。现在，让我们思考一下这些产品何时会出现在学生的屏幕上。

文本

在线空间中的文本可以是新闻文章中的段落或电子书中的章节，与学生在印刷材料中所接触的文本形式相似。学生也可能在更短的形式中找到文本，比如照片的说明文字、播客节目的摘要，或者与教程视频配套的推荐资源列表。这些文本可能包含点击某个单词查看其释义或收听其发音的选项。某个单词、短语或句子可能会被下划线标出，以表明它可以链接到其他内容。

链接

在各类网络空间中，链接随处可见，它能将学生连接到托管在单独页面上的内容。某个链接可帮助学生用户跳转到同一组织或出版物创建的其他资源，例如在线杂志提到某个事件时，点击该事件的链接可跳转至多篇关于描述该事件的详细长文。链接也可以将学生浏览者带到由原始资源创建者选择的其他网站。当你在线上空间浏览时，可能并不清楚该链接内容的审查程度如何，所以你可能需要审查该二级来源的质量和权威性。

微博客

在诸如照片墙（Instagram）以图片为核心载体的社交网络平台中，说明文字的信息承载量已超越传统报纸等图文内容中的配图注解。这种新型内容形态催生了“微博客”，这一形式通常与社交媒体帖子中的长篇标题联系在一起，这些标题提供了关于某个主题的叙述或详细信息。

图像

无论学生是在浏览社交平台还是打开互联网里的百科条目，在网络空间中，图像与插图无处不在。这些数字视觉材料与传统教材或信息文本中的配图具有相似功能：画面主体与随附的说明文字（比如标题和搭配文案）共同传递信息。正如学生在纸质阅读中会学习分析插图信息，网络时代的年轻人在数字空间漫游时，也将图像视为潜在的信息源。值得注意的是，人工智能工具已能生成以假乱真的图像，这些高逼真图片可能扭曲名人形象或篡改标志性场景的真实样貌。其中部分作品会明确标注“本图由AI生成”的技术来源声明，但依旧有很多作品完全隐匿其人工智能创作属性。

嵌入式组件

数字空间中有很多交互式组件，可帮助用户拓展信息。网页设计师或软件开发者通过植入此类功能模块（常称为“小插件”）帮助用户和主题相关的其他内容建立联系，为信息附加了更多价值，补充了更多内容。

在一篇关于“开罗事件”的在线报纸文章中，你可能会发现地图类应用的嵌入式项目，读者可以在其中点击并即时调取城市方位数据，探索开罗，以扩展阅读体验。除互动式地图外，内嵌项目的例子包括：

- 流媒体模块：其他视频平台的剪辑精华。
- 活动倒计时组件。
- 可视化轮播器：可滑动浏览的图片集锦。
- 信息收集表单或添加注释的小组件。

音频

音频内容长短不一，有的是免费资源，有的是付费产品。用户可从播客应用免费收听节目。用户也可以通过嵌入在播客主持人或播客幕后公司的网站上的播放器来收听节目。音频内容还可能包括读者通过网络浏览器或诸如电子阅读器或平板电脑之类的设备获取的有声读物。你也可能在网页阅读文章时，点击播放按钮，随即其会将文本内容朗读出来。

视频

从教室里的移动电视到如今的跨屏时代，视频消费经历巨变，学生们观看视频的数量和获取此类内容的方式早已大不相同。近几十年来，很多视频平台提供此类产品，除了像原生视频平台，你还能从其他网站中搜索并跳转到相关视频。必应搜索等搜索引擎优先选择播放视频列表内容而非根据用户搜索请求的内容。现在，视频产品更直接延伸到社交媒体平台形成内容矩阵，比如抖音国际版和照片墙，这类视频都配有字幕和更多可实现交互的链接。

确保无障碍访问

数字学习环境对需要辅助技术支持的特殊需求学生可能有特定挑战。教育工作者为学生打造公平的环境时，请考虑在无障碍访问的情况下审视学生的实际需求。你可以抽时间研究以下3项资源，它们为全纳教育提供了专业支持：

- 沉浸式阅读器（智能文本解码/语音合成/视觉优化三重支持）。
- 便携式电脑产品出厂时自带的无障碍功能详解（硬件适配/系统级辅助工具配置指南）。
- 产品无障碍生态系统综述（跨设备协同/个性化学习方案设计）。

引导学生在线搜索的体验

文本、链接、图像、音频和视频是学生在在线空间中会遇到的一些关键内容类型。在网络空间中搜索信息适用于所有学科领域。例如，学生在社会学科课堂中绘制历史时间轴时需要在互联网上考证具体日期，或者学生向高校学者询问与化学实验相关的专业学科问题时。

在继续探讨如何创造、支持和拓展学生在线搜索的学习体验之前，让我们先从研究传统的关键词搜索开始，然后我再为你提供一些使用聊天机器人和生成式人工智能提示词进行搜索的技巧。

关键词搜索

要为学生创建与关键词搜索相关的学习体验，首先要确定你希望学生收集到的信息是什么。你布置的采集目标可能是包括对错的封闭式客观问题，也有可能是更为复杂的开放式探究任务。虽然有时你希望学生更广泛地搜索，特别是当你希望他们对某个主题有全面把握时，但同时有的时候你也希望他们能够具备精准搜索能力，特别是你希望他们在某个主题下，对某个子主题有更深入的理解，完成特定的学习任务。

在创建在线搜索体验时，你可以采用全班集体搜索模式、学生自主探究搜索模式或与同伴协作搜索模式。在给学生布置精准化在线搜索任务时，你可以在规划和与学生讨论的时候具体采用以下陈述：

- 今天我们将探究……
- 我们可能会使用诸如……之类的关键词/提示词搜索。
- 我们将通过……收集我们的发现。

我们不知道我们不知道什么

我们在网上搜索的意图可能从寻找问题的快速答案到研究复杂主题不等。简单搜索在许多情况下都很有用，但有时你会希望学生进行深入搜索，以确定他们想要进一步探索的问题或主题。就像“我们不知道我们不知道什么”一样，你的学生可以从你创造的搜索学习体验中获益，并运用到他们未来的学习和研究中。

在1年级的课堂上，你可以分享一些可扫描的二维码给学生，让他们自行用数字设备扫描后跳转到简短的视频片段。完成观看后，他们差不多就决定了自己后续要研究哪种动物，然后再阅读相关的信息文本或再开展关于濒危物种栖息地所在地区的社会研究单元。

在高中课堂上，你可以给学生一个大主题，比如“气候变化”，然后留出时间让他们广泛搜索。学生们可以收集关于子主题的想法，这样在完成后续的说服性写作任务或开展环境科学的单元学习时能更有针对性。以下是一些简单搜索和深度搜索的例子：

- 1年级——简单搜索：去年夏天下了多少雨？深度搜索：为什么一个州的降雨量比另一个州的多？
- 4年级——简单搜索：亚利桑那州是什么时候成为州的？深度搜索：为什么亚利桑那州在13个殖民地之后才获得州地位？
- 11年级——简单搜索：简·奥斯汀（Jane Austen）来自哪个国家？深度搜索：简·奥斯汀生活中的哪些因素影响了她小说的主题？

让学生向聊天机器人提问

传统的关键词搜索只是学生在在线空间中查找信息的一种方式。尽管像ChatGPT这类的聊天机器人工具在发布时并不符合1998年《美国儿童在线隐私保护法》（COPPA），该法律条文对面向13岁以下儿童的网站或在线服务的运营者，以及对明知在线收集13岁以下儿童个人信息的其他网站或在线服务的运营者规定了某些要求，但现实是此类技术广受欢迎。

即使你不打算让学生亲自使用聊天机器人，你也可以为其演示。例如，你可以分享关键词搜索的结果（例如“红色水果”）和聊天机器人的输出（例如“列出红色水果”），让学生进行比较和对比。或者，你分享聊天机器人输出的内容（例如“解释水果和蔬菜的区别”），并让学生查找资料来支持这些发现。

国际教育技术协会（ISTE）教师标准指标2.6.a“促进学生对学

习的自主权”要求教育工作者“营造一种文化氛围，让学生在自主学习和小组合作环境中都能对自己的学习目标和成果负责”。在帮助学生适应数字空间的过程中，你可以提供诸如图形组织器和通过出声思考展示的示范策略等资源，帮助学生在在线空间中培养独立性。

为学生的在线搜索体验提供支持

除了设定明确的目的和示范之外，你还可以提供其他支持来帮助学生保持专注。与同伴合作、定期检查以及“转过身来交流”等活动可以帮助学生在在线学习体验中保持责任感。

在课程中间设置一个全班讨论任务，或者在课程结束时增加一个“出站票”或分享环节，让学生能够更新自己的学习进展。

为学生明确预期并做好示范，也有助于帮助他们练好在线空间导航能力。尽管事实上，浏览在线空间时分神时有发生，包括我自己也是习惯同时在浏览器里打开多个标签页面，但设定并分享在线学习时间的明确目标尤为重要，这一做法将持续帮助学生保持专注。在为学生做示范时，你可以采用“出声思考”策略，展示自己在在线空间中浏览时的想法，比如“这个链接看起来很有趣，但它不会帮我找到问题的答案”或者“我喜欢这样的视频，也许稍后我会看，因为现在它不会帮我达成目标”。

很多工具帮助学生在驰骋数字世界时保持专注，你可以为他们演示如何使用，这样无论他们在完成自主探究任务还是团队协作探究任务时，都能避免分心。以下是3个工具示例：

- 头脑FM（Brain.fm）：一款可在任何设备上播放的音乐插件，旨在帮助听众集中注意力。
- 植物时钟（Flora）：一款应用程序和网络浏览器扩展插件，用户设定专注任务的时间，如果在设置时间内没有被其他事情打断，就能亲眼看到植物的生长变化。
- 冷静（Calm）：一个能提供有助于集中注意力完成任务的音乐平台。

以下是你能为支持学生培养关键词检索技能所做的其他事情：

- 分享关键词搜索策略，例如使用短语而非完整的句子或问题。
- 在学生开展自主学习活动或与同伴协作探索之前，带着学生开展搜索词头脑风暴会议，预先讨论出可能用到的关键词与搜索词。
- 搭建常见搜索词库：提前将其公布给学生，这样他们就不必担心因拼写错误或用词不准而导致搜不出有效内容或产生挫败感。
- 如果他们的搜索查询结果无法帮助他们找到有关该主题的有用信息，提醒学生检查拼写错误，或者鼓励他们尝试新的关键词或短语。
- 向学生介绍语音转文字搜索技术，该功能在许多网站和移动应

“出声思考”教学法

教育学者莫莉·奈斯（Molly Ness）在其著作《K-5年级出声思考教学法》中，将出声思考教学策略定义为提升理解能力的核心方法。在一篇专业文章中，她以一堂阅读课堂观摩案例为例，指出这位老师“在朗读教学中通过暂停提问、即时评论、深入思考故事内容”的方式，持续激活学生的元认知能力。同样地，出声思考这个策略可以灵活地迁移到其他学科场景：数学课、史料分析课，或者是让学生判断自己搜索到的视频是否源自可信来源。例如，在为学生示范如何查找问题答案时，你可以在搜索信息的过程中“出声思考”，向学生展示你是如何做的。

用程序中都有，亲自向学生演示如何进行语音转文字搜索，以及如何解决语音识别技术可能出现的错误。注意：这些工具通常需要学生开启其使用设备麦克风的权限。

- 向学生介绍高级搜索选项，帮助他们找到特定类型的结果或文件。例如，网络浏览器和视频网站都有高级搜索选项，让用户能够搜索最近几个月或去年发布的内容。高级搜索功能通常隐藏在搜索栏旁边；查找“筛选器”或“工具”等标识来帮助学生优化搜索。

拓展学生的在线搜索体验

你为学生分配用于在线空间探索的时长取决于你设计何种学习任务。为了拓展这类学习体验并为学生创造更多探索机会，你可以让学生参与诸如“寻宝游戏”的活动，要求他们找到一系列问题的答案。如果学生提出了连你都无法一时半会儿能回答上来的问题，你可以随即和学生一起在课上搜索答案。即便你当时无法暂停既定教学计划，但之后你一定要抽时间和学生还原这个场景，带着学生一起实操在线搜索的方法，或者给学生留下稍后自行查找答案的时间。

利用聊天机器人寻找答案

生成式人工智能的广泛应用改变了我们对传统搜索的看法。如今，人们可能会说“我问问AI吧”，而不是像过去那样说“咱们上网搜一下答案……”。在第3章中，我们将探讨教育工作者如何借助聊天机器人技术生成教学内容的策略。在第4章中，我们将研究如何帮助学生评估由生成式人工智能创建的内容。在本章，我们着重强调让学生了解如何利用聊天机器人进行在线搜索。

如前所述，热门聊天机器人技术目前可能并不适合所有学生在学校环境中使用。鉴于此，你可以演示如何使用聊天机器人进行查询，为学生将来在课堂上或在家庭成员的支持下独立使用这些工具做准备。以下4种活动供你参考，你可以根据学生小组更改主题内容或讨论目标进行灵活定制：

- 比较和对比结果：让学生回顾你从传统的关键词搜索中获得的结果与你向聊天机器人提问得到的结果。让学生在图形组织器中分享自己的想法，或者与同伴交流。
- 提供反馈：分享聊天机器人的输出，并让学生对回答提供反馈。他们可以写下缺少的重要信息，或者根据查询写下他们期望看到的内容。
- 核实事实：把聊天机器人输出的内容提供给学生，让他们据此核实事实。通过这种方式，他们可以练习关键词搜索来“核实事实”，并评估聊天机器人生成的回答是否准确。
- 改写提示词：与学生分享你期望聊天机器人的输出、实际输出以及你使用的提示词。让他们重新写出提示词，以更好地贴近你的需求，从而让聊天机器人输出更完美的内容。

有几个因素使得关键词搜索与让聊天机器人回答问题有所不同。关键词搜索可以快速回答简单问题，且只有一个正确答案。例如，“《独立宣言》签署的年份”。或者它可以为学生在研究某个主题时提供一份可用资源清单（例如“如何加入太空部队”）。然而，聊天机器人将以它认为有用的形式或者按照你要求的形式来回应询问，比如表格形式。对于深入探究的问题，它会综合各种来源的信息来回应。有些聊天机器人会为其回应提供指向原始材料的链接，而有些则不会。正如我们将在第3章和第4章中深入探讨的那样，聊天机器人的输出可能不准确或带有偏见。使用聊天机器人搜索信息的学生和教育工作者在审核回应内容时需要考虑这些因素，就像他们核查来自必应等搜索引擎的推荐资源一样。

表1.1展示了不同年级水平的一些具体示例。

组织信息

学生在浏览网络空间时会接触到大量信息。有时他们可能在认真收集信息以完成研究项目，有时只是想保存视频、播客集或博客文章的链接，以便日后查看。

尽管有些学生，尤其是初中或高中阶段的学生，可能已经有一套记住信息来源的方法，但教授学生整理信息的策略仍是帮助他们学会有效利用网络空间的重要一环。过去，我们在研究某个主题时可能会用螺旋笔记本或索引卡来整理信息。

使用数字工具来组织链接、注

趣味的检索力实训

教育创新常源于意想不到的渠道，教育家拉里·雷夫（Larry Reiff）曾在他的社交媒体平台上发布了一则训练学生数字素养的实例，他让学生在完成任务时练习使用在线工具，并设置了很多需要他们进行批判性思考并整合来自不同信息来源才能找到答案的环节。他给学生布置了这样一个充满挑战性的趣味任务：要求学生逆向推导出“曼哈顿计划负责人”获得本科学位的那座城镇的邮政编码的所有数字总和。这项任务训练学生运用碎片信息整合能力，通过分步检索（物理学家身份→院校背景→地理定位→邮编获取→数值计算）培养系统性信息处理思维。

表1.1　跨学科关键词搜索和聊天机器人提示词

提示词	年级水平			
	小学低年级	小学高年级	初中	高中
今天我们来探究……	北极熊吃哪些种类的食物。	明尼苏达州和亚拉巴马州的冬季天气有何不同。	桑德拉·希斯内罗丝（Sandra Cisneros）的生平与作品。	求解二次方程的不同方法。
我们可能会使用诸如……之类的搜索词。	北极熊的饮食（diet）。 北极熊吃（eat）的食物。	明尼苏达州1月份的天气。 亚拉巴马州的平均气温。	桑德拉·希斯内罗丝的传记。 桑德拉·希斯内罗丝的著作。	求解二次方程的方法。 求解二次方程的策略。
[一位教师可能会向聊天机器人提交这样的提示词，例如……]	列出北极熊吃的食物。 比较并对比北极熊和人类在某一天所吃的食物。	为明尼苏达州和亚拉巴马州制作一张表格，列出过去10年冬季的平均降水量和气温。 写一段文字，描述明尼苏达州和亚拉巴马州在冬季月份里天气最为相似的地方。	请提供桑德拉·希斯内罗丝已出版作品的清单以及各个作品的销售数量。 为作家桑德拉·希斯内罗丝列出一份采访问题清单。	解释解决这个问题的步骤[添加具体问题]。 列出一些会用到二次方程的情景。
我们将通过……来整理我们的发现。	我们在班级的学习互动页面上通过视频分享所学内容。	将信息添加到在线文档中。	根据不同的类别，用颜色编码的方式创建一幅思维导图。	在我们的班级讨论论坛里分享我们认为最有用的视频教程。

数字世界中的原始资料

我们常常认为“原始资料”这个词指的是诸如博物馆展柜里的文物。尽管原始资料可以是实物——比如你的手稿原件或日记本——然而现在很多原始资料都是数字形式的，电子邮件往来、网络原生文献（博客文章以及视频博客）都属于这一类。

释、笔记和文件与在实体笔记本中粘贴索引卡将笔记分类或用荧光笔和颜色编码进行标注截然不同。数字工具使学生能够以多种方式组织信息。他们可以通过在热门平台和应用上打字或使用语音转文字（以及一些视频录制选项）来记录笔记和想法。

学生还可以通过复制粘贴网址来添加网站链接。如果学生用过类似微软开发的OneNote笔记软件，那么他们就可以将文件添加到笔记中。他们可以复制并粘贴云端硬盘的文件链接，或者将文件本身上传到文件夹中。组织数字笔记的策略包括图形组织器、交互式文档和日志记录。让我们简要地看一下这3个类别。

图形组织器

图形组织器是一种将信息视觉化呈现的方式。学生可以使用预制的、静态的、动态的或者可定制的图形组织器，也可以在空白区域采用各种元件以他们选择的任何方式将其信息组织起来，比如思维导图。展示模板、提供支持和列举实例是帮助学生入门的重要步骤。使用一种开放式工具（不是完成特定任务的工具）是一个不错的选择。我们主要探讨3种类型的图形组织器：

- 静态图形组织器：类似于PDF格式的工作表，学生可以使用数字工具在上面注释，但只能在特定的限制范围内工作。这是将传统资源添加数字层的一个好方法。学生可以添加文本框、在空白处亲手绘制涂鸦，甚至录制语音笔记。在数字空间中访问静态图形组织器（而不是将其打印成纸质版），你要做的应该是让学生利用数字功能来提高互动性与学习参与度，同时也能帮助其他同学同步访问到该资源。设想一下：将PDF文件添加到学习互动空间例如“跷跷板”（Seesaw）中，让你的2年级学生选择以自己喜欢的方式添加注释。在完成比较和对比故事中的人物的学习任务时，他们可以录制语音笔记或添加文本框。

- 动态图形组织器：为学生提供了一个基准或模板，他们可以照搬使用，也可以进行自定义。这是一种同时为学生提供支持和灵活性的绝佳方式。设想一下：让学生使用内置了时间线的图形组织器，例如多媒体电子书制作工具“电子书制造器”（BookCreator）。学生可以在预设页面上移动、删除和添加元素，以自定义图形组织器，并将其保存成为己所用的专属工具。

定义

开放式工具：一种用途广泛的数字工具，不受限于单一规定用途。

超链接：连接两个文档或文档中不同部分的链接；常用于带有目录或多个元素的文档中。

在线阅读文本

经由各种媒体平台，新的文本类型不断涌现，这为接纳学生与阅读内容互动的所有方式创造了令人兴奋的机会。帕姆·艾林和我编写了一份题为《让学生全身心投入各类文本阅读》的快速参考指南，提供了可以用来帮助K-12学生的提示和工具。我们在该指南中着重探讨了包含拓展阅读体验的小贴士以及帮助学生与在线文本互动的方法：

- 广泛阅读：与各种体裁、格式和平台互动。
- 批判性阅读：评估文本的准确性和真实性。
- 深入阅读：思考、质疑和反思文本。
- 精读：从文章中提取佐证。
- 社交阅读：将文本作为社会联系和社区的基础。

- 可复制的思维导图图形组织器：学生可以在其中添加形状、线条和箭头来组织信息。思维导图运用了与传统图形组织器相同的原则，但提供了更多的组织灵活性。这可能使其比一刀切的方法更具通用性，但对于渴望更多结构化的学生来说，空白空间可能会让他们感到畏惧。学生将从看到示例以及获得如何使用此类空间的反馈中受益。设想一下：学生使用像在线白板协作工具来为研究项目组织信息。他们可以在传统颜色编码和文本旁边添加链接和图像。他们可以用来头脑风暴、创建图表、进行设计评审，可以收集反馈以及开展线上会议，还可以在一个无限大的数字画布上自由地表达和分享想法。

你还可以向学生分享用在线工具讨论问题和评估的指南，向他们展示如何在数字空间中有效和高效地浏览文本，帮助他们更有意义地阅读各种类型的文本。无论你的学生是热衷阅读还是不愿阅读，他们都将面对越来越多可能令人困惑的书面交流。制作这种指南，确保你能帮助学生在各种材料中磨炼技能，并培养他们成为终身阅读者所需的自信。

交互式文档

与在一张纸或笔记本上整理笔记不同，交互式文档能让学生将来自多个平台的信息连接起来，并通过点击链接轻松访问。学生可以添加笔记以及他们找到的任何资源，并通过复制粘贴快速重新组织信息。交互式文档的一个好处是可以与多个用户共享，以进行协作、评论和反馈。这种类型的文档可能包含超链接，将用户连接到不同的文档或他们当前使用的文档中的特定位置。

以下是可用于交互式文档的一些工具示例：

- 在线协作文档。
- 在线白板协作工具。
- 学术笔记工具。
- 设计编辑工具（网页端、应用程序、小程序）。

日志记录

数字日志为学生提供了多种长期积累并巩固学习成果的方式，它们与传统日记类似，但配备了丰富的数字工具，学生可以用来添加更新，包括语音转文字、音频和视频录制以及插入链接等功能。让学生使用数字工具写日记相当于变相开辟了更多的访问途径，他们可以自主灵活地选择使用何种内容交互形式，并依据喜好选择如何向他人分享他们的学习体验。

数字日志还能让教师更轻松地跟着学生的学习轨迹追踪其学习进度，这一话题我们将在第8章关于评估的讨论中进一步探讨。以下是你可以推荐学生用于数字日志创作的4类工具示例：

- 学习成果展示平台。
- 多媒体电子书制作工具。
- 图文设计工具。
- 协作式演示文稿。

第235期

微博客

我在自己的播客节目里有幸与识字专家、作家和儿童权益倡导者帕姆·艾林聊了聊将阅读和写作融入课堂社区分享仪式的重要性。我们探讨了如何通过数字和印刷的混合体验，帮助学生讲述自己的故事，从而创造归属感和赞美学生的多样性。

其中有很多帮助学生讲述自己故事的技巧：

- 为学生提供讲述自己故事的机会。
- 使用照相机等简单的技术工具捕捉故事。
- 寻找庆祝微小时刻的方法。
- 使用翻译工具，确保在下次庆祝活动中每个人都受到欢迎。

综合信息实践案例

从图书预告片到互动式科学报告，学生可以创作出各种各样的数字化作品展示其学习收获。关于学生创作这一主题，我们将在第7章详细探讨。现在，让我们思考一下“创作”是如何驱动学生将从不同渠道收集到的信息整合在一起——这种能力在数字空间是如何在各个年级水平具象化的呢？

小学低年级课堂案例：在低年级的课堂上，学生们可能会观看一段海洋生物科普视频，或者听老师朗读一本关于海洋生物的书。然后，他们可能会列出或画出他们现在所了解的所有关于鲨鱼的知识。学生们可以使用数字日志工具录制视频里的解说词或者快速将展示的插图拍摄/截屏下来，同时口述自己当下的想法并录制下来。

小学高年级课堂案例：在高年级的课堂上，学生们可能会阅读一系列在线百科全书条目，并观看一段关于尘暴的微型纪录片。然后他们可能会独立或与伙伴一起使用在线白板空间创建思维导图，将人物、事件、时间、地点、原因、过程等关键信息整

如何帮助学生成为技术达人

卡西迪·帕克特博士（Dr. Cassidy Puckett）在其著作《重新定义极客：偏见与技术达人的5个隐藏习惯》（*Redefining Geek: Bias and the Five Hidden Habits of Tech-Savvy Teens*）中分享了5个适合学生的学习习惯。这些习惯包括与技术相关的设计逻辑和效率习惯。帕克特将设计逻辑描述为一种“更侧重于学习过程、技术工具的不断变化以及学习者自身所具备的能力”的习惯。效率习惯包括“意识到软件和硬件通常（但并非总是）有更简短的任务完成方式……思考如何找到这些更简短的路径以加快工作和学习的速度……[以及]尝试和实践这些高效完成任务方式的行为”。这两种习惯都与高效导航数字空间这一关键技能相关联。

合其中。使用颜色编码和链接到更多资源，学生们可以将所了解到的一切整理到一个数字空间里。

初中课堂案例：在初中课堂上，学生们可能会研究系安全带对车祸中受伤的影响。他们可以通过在线视频会议平台采访当地急诊室的医生，观看一系列发布在视频平台上的公益广告，并查阅安全组织在其公共网站上发布的数据。然后，学生们可以创建一个互动文档，将他们收集到的信息（以及相关附加信息的链接）分类整理。

高中课堂案例：在高中课堂上，学生们可能会创建一个互动文档来整理他们社区行动项目相关主题的研究。他们可以在在线文档中创建一个包含他们研究成果的表格，将来源可信的调研结果列入其中，并在旁边一栏增添自己的思考或批注。

学生们可以在文档中插入链接以创建目录，并在收集信息和解决遗留问题时录制语音笔记。通过在文档中留言或标记以寻求其他同学的反馈或帮助。学生们也可以利用这个空间进行协作学习。

教会学生操作技巧

为了有效地利用网络空间并运用本章所分享的策略，学生需要具备基本的计算机技能。这些策略有时会在计算机实验室或技术课上单独教授给学生。然而，在学校里你总能找到一些时机，在你所授课程和学科目标的背景下示范或者明确地教授这种（这些）策略。

关于直接的键盘输入教学（keyboarding instruction），存在多种不同的观点。我常常将其类比成乘法表，因为为了快速高效地计算复杂的数学问题，你需要理解乘法表。未来或许会出现语音转文字技术取代键盘输入的情况，但在本书在美国付印之际（2024年3月），我们尚未达到这一阶段。忽视键盘练习的需求是不切实际的，就像教学生乘法表的例子一样，达到这一目标的方法多种多样。你可能想要探索出一个与学生需求相匹配的全面键盘输入教学计划。

有些学生拿到新设备后，能立刻感知如何使用每一项功能并精准找到每一个按钮。然而，我们知道这并非普遍现象。对于所有学生而言，甚至那些对数字工具相当熟悉的学生，可能也不明白你心中所想的具体课堂用途。除了键盘操作指导外，帮助学生了解如何使用触控板、触摸屏和摄像头，对于他们成功驾驭在线空间也是必不可少的。在第11章中，我们将讨论如何帮助学生培养诸如问题解决和故障排除等技能，这些技能能够跨越不同的设备和平台。在向学生介绍或复习设备功能时，演示并提醒他们如何在特定设备中操作是绝对必要的。

在数字空间中使用快捷键

许多教育工作者在日常工作中已经采用的一种导航策略是使用键盘快捷键（也称为热键）。例如，你可以选中要复制的文本，然后按键盘上的“Ctrl+C”来复制文本。接着，你会本能地将光标置于要粘贴复制文本的位置，然后按“Ctrl+V”。一旦键盘快捷键成为你日常操作的一部分，它们就能为你节省大量时间。例如，它们有助于在交互式文档中高效插入链接、注释或附加内容，以及打开或关闭标签页，从而让你在屏幕的不同分区之间快速切换。它们还能帮助学生快速标注他们的作业。如果你经常与学生一起使用某个程序或在线工具，你可以向他们介绍这些快捷键，帮助他们了解在数字空间中现有的更快、更高效的操作方式。

如何找到常用工具的快捷键？

- 在你喜欢的工具网站上查找常见问题的解答页面。
- 在搜索引擎中搜索“[工具名称]的键盘快捷键”。
- 在下一次教职工会议开始时，请同事们分享他们最喜欢的键盘快捷键。

本章思考

与在语境中教授词汇的方式类似，你可以在不同年级和学科的教学内容中引入诸如在线导航等重要的教育技术策略。不要计划单独教授诸如“学生能够点击链接”或“学生能够用平板电脑拍照”这样的教学点，而是将这些重要的数字素养和计算机技能的教学自然地融入日常学科教学中。展示在线导航技能并非孤立的活动，而是与技术互动的一个重要组成部分，这能够强化学生的技能，更有效地培养学生的综合能力。

第168期

微博客

我与社会学教授、《重新定义极客》一书的作者卡西迪·帕克特博士一起，谈谈青少年究竟需要什么才能成为科技达人。你将听到精通技术的青少年的5个隐藏习惯、教育工作者如何帮助学生养成高效的技术习惯、探索设计逻辑，等等。本周节目的主题是：“卡西迪·帕克特博士谈精通科技的青少年究竟需要什么”。

让青少年精通科技的技巧：

- 承认你的偏见和学校社区存在非有意为之的守门人现象。
- 选择一个习惯进行深入探讨，也许是效率的概念。
- 考虑如何明确地为学生树立技能榜样。
- 与自己的学生一起探索数字适应能力量表。

第 2 章

精心挑选资源

支持每一位学生

挑选 select	检索 pull	汇总 together	筛选 sift
选择 choose	定位 locate	排序 prioritize	分享 share

网络空间有时会让人遭受过载的信息和频繁的干扰，信息通知不断在屏幕上弹出，提示音此起彼伏，只需点击几下就能获取海量内容。从视频到新闻推送，再到移动应用程序和社交媒体平台等，我们在数字世界里节奏繁忙，应接不暇。我们不仅希望学生能够驾驭数字空间，还希望培养出有助于他们适应当前和未来技术革新的可迁移技能。培养学生的自主学习能力，为他们示范评估内容时使用的策略，以及让学生独立探索在线资源，这只是整个教育过程的一部分。

作为教育工作者，我们可以精心挑选和整理与课程目标紧密相关的资源，以满足所有学生的需求。通过整学年的系统规划，我们可以为学生提供多样化的学习材料，确保每位学生都能获得适合其个性化需求的支持。在本章中，我们将探讨如何选择、组织和分发在线资源给学生，以支持他们的学习。传统的资源整理方法，尤其是在人工智能工具的辅助下，可以确保学生在本学年能够接触并利用丰富的补充资源。

为何这至关重要

为学生甄选“恰到好处”的学习资源是教育工作者确保满足全体学生需求的一项重要实践。无论你是为整个班级、学生小组还是个别学生挑选资源，你都有机会将相关甚至个性化的资源精准投放给学生。资源精选的环节至关重要，因为它能过滤掉海量学习素材带来的噪声，为学生缩小关注范围，从而聚焦核心学习目标。你可以精准匹配学生已识别的特定学习需求，将精心挑选后的视频、文章、精简文本、教程等分享给学生，而非简单地将他们推向搜索引擎，一味地让他们在信息洼释中自行求索。

精心挑选资源与差异化教学有何关联？在《如何在学术水平参差不齐的课堂上进行差异化教学》（*How to Differentiate Instruction in Academically Diverse Classrooms*）一书中，卡罗尔·安·汤姆林森（Carol Ann Tomlinson）指出：“差异化课堂通过提供多元的知识获取路径、概念理解方式和成果展现形式，确保每位学习者实现有效学习。”精选资源是构建差异化学习环境的关键一环。尽管教师可能会与班级中的每个学生共享部分通用资源，但经过深思熟虑的个性化精选资源则有效地满足了每个学生的需求。

有目的地整理数字资源意味着你要关注内容、表现形式以及学生的兴趣。这3个维度共同构成“黄金三角”，为将“恰到好处”的优质资源呈现在学生面前这个高质量计划提供了坚实支撑。

为制定这类计划，你可以提出以下问题：

- 内容是否具有适配性：所选材料是否涵盖了你希望学生理解的重要概念与细分知识点?
- 表现形式是否适合所有学生：学生是否能在你精选的资源中看见自己？这些形式是否能让他们自然融入学习过程，并在课程材料中找到与自身经验相关的部分？
- 学生是否感兴趣：你是否已经确定了学生想进一步了解的相关领域？你是否挖掘出学生表现出更多探索欲的知识延伸点？

为学生甄选优质的学习资源

2020年,《纽约时报》发表了一篇题为《如今人人都是策展人》(*Everyone's a Curator Now*)的文章。在该文中，记者卢·斯托帕德(Lou Stoppard)引用了伦敦蛇形画廊艺术总监汉斯·乌尔里希·奥布里斯特(Hans Ulrich Obrist)的话，他说："在我看来，策展人是催化者、创造者和激励者。"当我提到"策展"这个词时，我总会想到博物馆。博物馆的策展人会挑选出即将展出的作品。他们会精心摆放每一件展品，形成清晰的空间叙事逻辑，让参观者领略一个完整的故事。他们不会把博物馆地下室的大门打开，让参观者自行筛选参观所有的艺术品和文物(尽管这听起来像是一次有趣的实地考察！)，而是优先决定哪些作品出现在展览的墙上和展柜里。作为教育工作者，你就是一位策展人，负责挑选、组织和优先考虑要与学生分享的资源。

甄选内容的类别

为了给学生挑选到最适合的学习资源，我们首先需要分析数字内容的6大核心分类：视频、文本、图像、图形组织器、音频和文件。每一类都有其独特优势。

视频：从高质量的长达1小时的纪录片到30秒的热门视频片段，在线视频内容差异很大。内容创作者可以将视频上传到视频分享平台，比如视频创作者社区网站或视频社交软件。拥有智能手机或电脑的学生和教师可以访问该视频，并分享其链接供他人观看。视频创作者可以设置分享权限，包括是否允许下载视频以供离线使用；通常视频必须通过网站或应用程序在有网络连接的情况下播放。

文本：这一类的内容可以包括新闻文章、百科全书条目、访谈，甚至博客文章。这些资源通常与其他媒体结合呈现，例如带有说明的图片或嵌入的视频和音频。文本内容在篇幅和易读性方面各不相同。学生可能希望使用浏览器的“阅读模式”选项来查看文本内容，该类功能支持移除诸如广告和侧边栏之类的额外元素，减少视觉杂乱，提升阅读体验。

图像：照片或静态图像可以向学生呈现信息并阐释观点。你可以在课堂上用此类内容作为阅读或听力材料的补充。在网络空间中，图片有时会以轮播图、主题集锦的形式呈现，增强视觉效果。

图形组织器：这是一种信息可视化的呈现方式。它可以通过图像、图标和文字来呈现信息，使用视觉元素来阐释数据。在社交媒体平台上，学生对信息图形呈现方式具有较高熟悉度。

音频：纯音频内容越来越受欢迎，这得益于近期可供下载或在线收听的播客数量大幅增加。播客节目可以聚焦某个特定主题做成单集，也可做成系列节目。用户可以将节目下载下来离线收听，也可以选择在多个流媒体平台上在线收听。很多节目还会为听众提供每期节目的文字稿。除了播客，一些博客文章或基于文本内容的网站也提供文本朗读选项。

文件：计算机文件基本上是将数据保存下来，以便用户能够通过数字方式分享，无论是否有互联网连接。“文件”这一术语可以指各种各样的文件类型，这从它们的扩展名就能看出来。包括文档（.doc、.pdf），演示文稿和视频（.ppt、.mp4、.mp3、.mov），甚至还有3D格式（.stl、.obj）。除了这些常见的文件类型，还有一些云端文档，例如在线演示文稿或保存到云端网盘账户的PDF文件。

在表2.1中，你将看到这些不同类别内容在不同年级水平可能的使用示例。

当然，可能性是无限的。相较于受限于物理载体（如档案夹或活页夹的容量）的传统资源管理，数字空间为你和学生提供了近乎无限的存储容量，而且它提供了一系列智能化管理工具，在组织和分发资源给学生的时候非常便利与高效。但是，面对这些几乎无限的在线资源，筛选要分享的内容时你可能挑花了眼，容易感到不知所措。所以，在决定与学生分享哪些资源之前，你要有明确的意图，并且制订出详细的计划，确保这些补充资源能有效送达学生手中。接下来，我们将探讨如何选择、组织和分发内容——有时借助聊天机器人——以满足所有学生的需求。

表2.1 可供与学生共享的内容示例

内容类型	年级水平			
	小学低年级	**小学高年级**	**初中**	**高中**
视频	在学习分数单元期间，学生们可观看线上教育平台专为低龄学生制作的动画短片的解释性视频。	在学生们学习动物栖息地相关知识时，他们可以观看美国国家地理频道发布的视频。	学生们可以观看当地一家新闻机构发布的一段视频剪辑，将时事与他们正在阅读的小说中的某个主题联系起来。	当学生们学习“文化扩散”的相关知识时，他们可以观看名为《玉米如何征服世界》的教育演讲视频。
文本	学生们可以在数字阅读平台上阅读一本与即将到来的节日相关的图画书（或者借助大声朗读这个功能来读）。	在学习有关13个殖民地的单元时，学生们可以阅读《大英百科全书·儿童版》中的一个条目。	在探讨有关气候变化的问题时，学生们可以在分级阅读平台上或新闻网站上的青少年专区阅读一篇时事文章。	在学习经济学单元期间，学生们能够获取《纽约时报》和《今日美国》上的一系列文章来阅读。
音频	学生们可以收听儿童播客节目演绎的民间故事。	当学生们了解信息性文本的特征时，可以听一听相关的音频节目。	在关于公民参与的单元学习期间，学生们可以收听对当地一位议员的采访。	学生可以从一系列与某个内容主题相关的播客访谈节目中进行选择。
图像	学生在观看某一动物栖息地的图片时，可以共享彼此的观察所得。	学生在查看某一风景的图片时，可以运用特定领域的词汇来比较和对比所看到的内容。	学生能够回顾原始资料文件，并分享与他们所学内容的联系。	学生可以查看一张图片并提出问题以确定其真实性。

续表

内容类型	年级水平			
	小学低年级	小学高年级	初中	高中
图形组织器	学生可以查看按顺序呈现信息的图表，借此与诸如“首先”“然后”“再次”和“最后”这类表示时间先后的词语建立联系，实现信息共享。	学生可以讨论用何种符号或视觉元素来补充所分享的信息。	学生可以对信息图表中呈现的信息提出质疑，并列出需要进一步研究的后续问题。	学生可以对信息图表的设计进行评价，并提出如何使其组织得更合理的建议。
文件	学生可以通过像浏览幻灯片那样逐页滑动来查看包含图片和简单文本的幻灯片演示文稿。	学生可以阅读文档中呈现的信息，如有需要，还可以更改字体大小。	学生能够将电子表格中呈现的信息按字母顺序或从小到大进行排序。	在就某个主题开展研究时，学生们能够审阅多种类型的文件，其中包括电子表格中的数据、幻灯片演示文稿中呈现的信息，或者PDF格式的已发表作品。

如何甄选内容

为学生挑选“恰到好处”的内容需要考虑几个关键因素：（1）学习目标；（2）背景知识；（3）拓展机会；（4）学生兴趣。在规划即将开展的教学单元时，全面评估这4个因素将有助于确定最能满足学生需求的内容类型。以下是针对每个领域的指导性问

其他可与学生分享的内容类型

- 互动全景图：例如，沉浸式360度图像。
- 应用程序：例如，技能练习应用、互动模拟。
- 游戏：例如逻辑谜题、多人游戏等。

题，既适用于你个人的教学设计，也为你们需要团队协作备课时提供讨论框架：

学习目标

- 你希望学生掌握哪些知识和技能？
- 你从形成性评估数据中了解到学生有哪些需求？
- 如何针对不同学习群体（学习小组/个别学生）提供差异化的教学资源？

第128期

课堂播客提示

首先，反思一下自己的播客消费情况。

其次，要有分享播客节目的意图。

再次，决定如何向学生介绍这种媒体。

最后，大声思考并为学生示范。

背景知识

- 学生需要具备哪些先验知识才能充分理解课程内容？
- 你的学生在过往的学习经历和背景方面存在哪些差异？
- 通过观察和与学生的交流，你获得了哪些关于他们现有知识水平的实证依据？

拓展机会

- 在传统课堂教学中可能无法涵盖的学科延伸领域有哪些？
- 你希望学生能够识别、建立并理解哪些跨学科知识关联？
- 单元教学/课程结束后，学生可以进一步探索哪些相关主题？

学生兴趣

- 在单元或课程期间，学生对哪些概念和主题表现出了特别的兴趣？

- 哪些补充性试听素材（视频片段或播客单集/专题）能够有效吸引学生的注意力？
- 你会针对哪些子主题/细分知识来建立资源库以支持学生进行深度学习？

衡量学生兴趣的方法

- 制作并开展兴趣调查。
- 抽出时间制作KWL图表（已知-想知-已学），查看学生对某个主题想知道的内容。
- 举行非正式讨论，让学生分享他们好奇的想法。
- 设立一个“疑问墙”，让学生张贴他们遗留的问题。

为学生精心挑选内容并非新鲜事。通过挑选“恰到好处”的内容来实现差异化教学是一种广受认可的最佳实践，这与技术本身并无直接关系。相反，包括人工智能驱动的数字工具在内的各种技术手段，使得寻找和分发满足学生个体需求的内容变得前所未有的便捷。在资源筛选过程中，你可以优先考虑集成辅助性技术功能的、能够满足学生需求的内容。例如，你可以找到带有字幕选项的视频，分享具有“读给我听”“朗读”功能的文章或电子书，或者让学生根据自己的兴趣以及你的教学目标选择要收听的播客集数。

在第8章中，我们将更深入地探讨形成性评估数据及其对学生资源筛选的影响。形成性评估应当为教学提供指导，它能帮助你为课堂挑选“恰到好处”的内容。你在教学法和内容方面的学科专业知识应该作为你和学生对于内容选择与共享的决策依据。

利用聊天机器人精选教学资源

聊天机器人技术在为学生筛选和推荐教学资源方面可以发挥重要作用，教育工作者可以借助生成式人工智能工具为学生收集资源。此外，你需要明确自己要寻找什么资源内容并思考为什么这份资源会对学生有帮助。在使用聊天机器人之前，先将搜索内容的条件与描述确定下来也至关重要，比如筛选资源的长度、适配多大年龄的学生等。教育工作者可以通过定制提示来请求视频、播客和其他推荐内容。正如我们将在下一章探讨的那样，生成一个初步的资源列表只是第一步。与传统的搜索引擎或收集、整理和分享各种图片、视频的网站相比，你可能会发现使用聊天机器人搜索补充性教学资源更为高效。尽管聊天机器人的搜索结果并非完美，但它可以显著加快搜索过程并为你节省时间。

一旦你对想要分享给学生的资源类型有了清晰构想，就可以与聊天机器人开启对话。以下是一些你可以自定义的提示模板及对应示例：

1. 列出有关[主题]的[内容类型]数据库，适用于[年级]。

示例：为2年级学生列出有关天气系统的短视频数据库。

小试牛刀：____

2. 推荐适合[年级] 学生阅读的关于[主题]的[类型]书籍。

示例：为8年级学生推荐有关加利福尼亚州“淘金热”主题的历史小说。

小试牛刀：____

3. 找到[数量]个适合[年级]学生收听的关于[主题]的播客。

示例：为12年级的学生找到5个有关气候变化的播客。

小试牛刀：____

为了进一步定制这些提示指令，你可以结合学生特殊需求/辅助功能、兴趣与跨学科关联、适配终端设备等条件来细化对话，进行更精准的检索：

- 我的学生需要[特殊需求/辅助功能]，请在提供资源时优先考虑这一点。

示例：为2年级学生列出有关天气系统的短视频数据库。我的学生需要字幕支持，请在提供资源时优先考虑这一点。

- 我的学生对[主题]感兴趣，请提供与之相关的建议。

示例：为8年级学生推荐有关加利福尼亚州“淘金热”的历史小说。我的学生对体育感兴趣，请提供与之相关的建议。

- 我的学生将在[设备]上访问这些资源，请提供他们可以在该设备上使用的资源。

示例：为11年级、12年级的学生找到5个有关气候变化的播客。我的学生将通过智能手机访问这些资源，提供的资源要支持他们能在这种设备上使用。

在探索聊天机器人等人工智能工具时，你可能会发现它们比传统搜索引擎更高效地帮助你定位到资源。提示指令的精准性和具体性将直接影响搜索结果的质量。你可能需要多次调

组织聊天机器人结果的方法

在向聊天机器人发出提示指令时，你可以在指令中明确你所需的格式，例如“制作一个表格……”或“创建一个项目符号列表……”。这里有一个示例：“创建一个表格，列出适合儿童的关于健康饮食的热门歌曲。包括发布日期、歌手、歌曲名称和时长这几列，另外添加一列，里面的内容是用一句话解释你挑选到该歌曲的原因。”如果你忘记添加格式，聊天机器人会为你选择一种，例如列表或段落。不过，你可以随后要求聊天机器人将输出结果进一步转换为不同的格式。

整提示指令/提示词以获得理想的结果。精心设计提示指令/提示词时，务必充分考虑学生的需求。只有在提示中包含这些信息，聊天机器人才能更好地满足你的需求。

组织并分发教学资源

为学生挑选“恰到好处”的内容只是整理要分享的材料的第一步。数字工具可以帮助你和学生整理这些内容，以便轻松追踪到相应资源。在整理网站链接、视频文件或其他任何希望与学生分享的内容时，有几件事你需要考虑。

许多学校和学区使用内容管理系统（CMS）或学习管理系统（LMS）来组织和分发资源。许多教师已经在课堂上使用智能团队协作应用工具与学生分享内容和作业，例如微软推出的“团队”（Teams）。尽管我在本章中分享了组织和分发教学资源的具体建议，但我仍然鼓励你首先评估如何充分利用你现有工作流程中的工具来分享链接或文件，在必要时你可以借助以下方式进行补充，从而更好地将教学资源组织并分发给学生。

在分享之前整理资源

为学生整理资源的过程实际操作起来是怎样的？整理内容的关键在于让你轻松知晓“资料”（文件、链接等）的位置以及如何将其分享给学生。

在小学低年级的课堂上，你可以使用像二维码生成器这样的工具创建3个二维码，每个二维码分别链接到关于不同动物栖息地的资源。你可以将3个二维码提供给学生，让他们扫描后自主决定后续想要了解的动物栖息地。或许你根据特定学生的需求，与他们分享一个指定的二维码，让他们从该类定制内容中获得最大收益。

在小学高年级的课堂上，你可以使用在线设计网站创建工具比如“可画”（Canva），为学习极端天气教学单元的学生专门创建一个网站。该网站的页面可以包含与不同气象灾害相关的视频链接。学生可以先行观看相关短片，然后决定他们感兴趣的方向并进行自主探究或者协作探究。

在初中课堂上，你可以筛选出4—5篇地方公职候选人的专题报道，制成不同链接。你可以让学生自主选择阅读对象，也可以基于学生过去表达过的兴趣引导他们探索某篇报道，或者为学生定向推送一篇符合他们独立阅读水平的文章。

在高中课堂上，你可以挑选3个主题鲜明的叙事型播客系列，每个播客都有关于特定主题的一系列剧集。在简要介绍每个选择之后，你可以让学生自行决定他们想要收听哪一系列的单集并参与哪一个项目化学习进行持续研究。

创建资源合集的小贴士

如果你正在整理资源与学生分享，你可能会选择分批次逐步分享少量内容，或者在学期末为学生提供大量复习材料，又或者你可能希望为某一主题创建一个资源合集，供你和同事在学期中间使用。在管理这些资源时，尤其是那些需要与学生和同事共享的资源，有几种工具可以显著简化组织、整理和分享的过程。

与其为一堆网页添加书签或给学生发送一封带有链接的电子邮件让他们点击，不如使用具有“数字故事讲述”功能的网站页面生成器（例如微软推出的在线创作软件Sway）或交互式文档创建结构化的资源合集。这些工具不仅能够提升资源管理的效率，还能增强学生的参与度和学习体验。

虽然内容管理系统或学习管理系统是理想的起点，但如果学生无法访问门户或登录以获取资源，创建一个公共网站或交互式文档是一个很好的策略。你可以使用任何支持资源集合功能的工具来构建这样的空间。一旦创建了一个页面或文档，将链接分享给学生，你可以持续往里面添加新的资源链接，确保内容始终保持实时性和相关性。

让聊天机器人帮忙整理资源

除了查找资源，聊天机器人还能帮你整理资源清单。例如，你可以将想要与学生或同事分享的资源列表粘贴到与聊天机器人的对话框中，并附上以下提示之一：

- 按字母顺序排列这些资源……
- 将这些视频按从短到长的顺序排列……
- 为每个资源写一句总结……
- 给这份资源清单起一个吸引人的标题……

如果你在课堂环境中为教育工作者提供支持，你可能会扮演协调员的角色，帮助教师找到可与学生分享的资源。国际教育技术协会（ISTE）教学指导标准强调了教练作为合作者的角色的重要性，特别是标准4.3.b“与教育工作者合作确定与文化相关、适合发展水平且符合内容标准的数字学习内容”。

向学生（或其他人）分发资源

正如前文所述，你分发内容的方式可能依赖于已有的你和学生共同使用的工作系统。这可能包括像“谷歌课堂”这样的平台，在那里你经常发布链接供学生访问，或者像灵感收藏集合的空间，在那里你经常创建链接或收藏夹。尝试新方法固然令人兴奋，但如果你与学生当前使用的系统对你和学生行之有效，我鼓励你在现有工作环境中应用这些工作流程或组织策略，看看能不能适应良好。

确定适合你班级的工作流程取决于多个因素。例如，学生使用的设备类型及其是否能够登录并访问内容。如果学生经常使用平板电脑或智能手机等移动设备，确保发送的视频或网站链接对移动端友好是至关重要的。如果学生没有自己的电子邮箱，则应确保提供的链接指向无需登录即可访问的公共在线空间，以便他们能够顺利访问，例如在你创建一个关于时事文章集合的时候。

一个良好的做法是在与学生分享之前，你先测试一下他们接下来要进行的操作流程，因此你可能需要在各种相同类型的设备上测试所有共享链接，以确保学生能够顺利访问内容。

有的时候你制成的资源合集的目标受众可能不仅是学生，还包括教授相同学科领域的同事，或是希望探索补充性资源的学生家长。在组织资源时，请务必考虑你的目标受众，并选择易于访问且易于导航的平台，以确保资源的有效传递和利用。

国际教育技术协会（ISTE）的学生标准鼓励各个年龄段的孩子将自己视为知识构建者。指标1.3.c“整理信息”指出：“学生使用各种工具和方法从数字资源中整理信息，创建能展示有意义的关联或结论的资料集。”

让学生成为内容管理者

除了使用数字工具自己整理内容之外，教师还可以引导学生参与到收集和评估资源的过程中来。让学生成为内容管理者这一理念强化了我们在第1章中探讨的教学活动，并注入了高阶思维能力培养的维度。当学生扮演策展人的角色时，他们不仅局限于在数字空间浏览资源，而是会对各类资源进行深度分析与批判性思考。

在小学低年级的课堂上，教师可以通过示范资源评估的过程，让学生观察到你的思考过程并一起讨论某个资源是否有用。例如，教师可以进行出声思考活动，展示如何评估一个网站的质量，并鼓励学生与同伴交流其见解。

在小学高年级、初中或高中课堂上，教师可以布置任务，让学生针对特定主题创建一份带注释的参考书目，其中包含对不同资源有用性的评价说明。作为内容管理者/策展人的学生必须评估资源的质量、信息有效性和来源权威性，并找到规律甚至搭建出自己的识别模型，从而筛选出特定主题下最具价值的资源。这种实践不仅可以与数字公民或媒体素养课程相结合，也可以以跨学科的方式融入其他学科领域。

本章思考

在课堂上，内容筛选每天都在发生。无论是否使用数字工具，教师都会选择他们认为能帮助学生更好地理解新概念的资源。教育技术的一个重要用途是通过多模态资源的精准定位与各种格式资源的分享，满足每个学生的个性化需求。就像搜索引擎一样，人工智能工具可以帮助教育工作者收集资源，但教育工作者的专业知识是设计提示、审查结果以及最终决定哪些资源最适合学生的必要条件。

内容筛选并不意味着你进行机械式的数量积累，比如一定要为学生集齐30个数学教学视频或科学实验网站。相反，你可以优先考虑哪些内容最适合你的学生，决定谁在特定时间需要哪种资源，基于学情分析为学生精准匹配到合适的资源。教育工作者始终在资源选择与分享时机的决策中扮演着核心角色，为学生精心挑选资源内容，进行科学化的资源管理，能够显著优化学生的学习体验。

第 3 章

充分利用生成式人工智能

开发教学资源与创意

生产 produce	制作 craft	制造 make	配制 formulate
开发 develop	缔造 forge	生成 generate	

如果学校一周能多出几个小时，你会怎么安排？或许你会有更多时间来为学生设计有趣的课程，为不同学生量身定制差异化的学习体验，或者在繁忙的一天结束后好好休息。本章标题中的动词用的是“生成”，因为本书这一部分的重点在于教育工作者如何利用生成式人工智能工具。我们将特别关注如何利用这些工具为你节省时间，并将一周节省下来的时间重新分配到教学活动和其他重要任务中。

尽管我非常希望量化这种节约下来的时间，并声称借助人工智能工具，你每周能为自己节省10个小时，但这与我一贯坚持的原则不符——技术的价值在于你如何应用它。

生成式人工智能的高速发展趋势已成定局，并且正在影响我们完成日常任务的方式。像聊天机器人可以就“如何处理一天采摘的1公斤苹果”

提供建议（我试过），或者帮助你规划即将到来的旅行行程（我也试过），但其效果取决于你给出的提示指令。要充分发挥人工智能的本领和潜力，你需要了解其具体应用场景和可能性。本章将探讨如何利用生成式人工智能工具，在一周的教学工作中高效完成大大小小的任务。

为何这至关重要

在人工智能日益发挥关键作用的当今世界，教育工作者必须掌握如何在其专业实践中有效运用人工智能工具，并深刻理解这对未来教育领域的影响。2023年，美国教育部教育技术办公室发布了白皮书《人工智能与教学及学习的未来》（*Artificial Intelligence and the Future of Teaching and Learning*），其中特别强调，在教育环境中使用人工智能时，必须“让人类参与其中”，并将该过程比作“骑电动自行车”，人类始终保持清醒且完全掌控，但在技术辅助的情况下，人类的负担减轻，教学效能得以成倍提高。

许多教师已经尝试使用像聊天机器人这样的生成式人工智能工具。沃尔顿家族基金会“2023年度教育技术应用调研”的数据显示，在推出后的两个月内，51%的教师表示使用过ChatGPT，其中40%每周至少使用一次。鉴于此，教育工作者必须了解这项技术如何影响他们的教学设计，也需要审视日常教学交互中的人机关系重构。无论你在教育领域扮演何种角色，你都能用生成式人工智能来帮助自己实现多种目标，包括基本理解生成式人工智能及其对更广泛世界的影响、简化任务来加速教学工作的流程，以及为学生创造引人入胜的教学资源库。

教育工作者开始考虑生成式人工智能的力量和影响至关重要。国际教育技术协会（ISTE）教育领导者标准3.5“互联学习者”强调了了解教育技术新动态的重要性。标准指标3.5.a“紧跟学习创新”指出：“设定目标，紧跟新兴学习技术、教学法创新以及学习科学的进步。”

什么是生成式人工智能

人工智能涵盖了一系列技术，从能够预测你可能观看偏好内容的流媒体服务，到在你给亲朋好友发送消息时预测下一个要输出的文字的信息工具。人工智能模拟了人类的认知和行为模式，执行通常只有人类才能完成的复杂任务——回答问题、解决问题和做出决策等。

生成式人工智能专注于内容的生成与创造，其输出形式包括图像、视频、音乐和文本等多种形态。与传统的搜索引擎不同的是，生成式人工智能通过整合多源信息来创建全新的内容，而非简单地检索出已有的内容。在本书中，我们主要关注像聊天机器人这类工具，它自2022年年底公开发布以来，在教育领域和各种行业中都广受欢迎。我们还将探讨利用人工智能生成图像的可能性，这需要类似的

常见聊天机器人术语

- 提示词：告知聊天机器人执行何种操作的消息或问题。
- 输入：任务、问题或指令集（通常以提示语/词的形式），告知人工智能要做什么。
- 输出：生成式人工智能生成的内容，例如聊天机器人创建的表格或段落。
- 提示工程：为生成式人工智能工具编写和优化问题、任务或指令的技能，以帮助实现预期结果。

提示工程技能。

利用聊天机器人生成想法和资源

当下（2024年）最流行的使用生成式人工智能的一种方式是通过聊天机器人生成文本输出。聊天机器人会根据你提交的指令、查询或提示来回答问题并提供信息。作为一种交互工具，它要求用户具备提出恰当问题的能力，以获得预期的输出结果。和提供与主题相关资源列表的搜索引擎不同，聊天机器人模仿人类对查询或任务的处理方式，生成更具备逻辑连贯性、更完整且结构化的回应。

无论你是一线任课教师还是指导学校教师课程规划的专家，聊天机器人都能在多个方面支持你的教育事业。它可以帮助你头脑风暴，构建出新授课单元的教学框架，帮助你为不同学生群体设计分层教学活动，以及帮助你为下一单元生成教学蓝图。值得注意的是，要想实现这些目标，你需要向它提供一个特定的提示，你必须提前考虑好你的教学环境中的独特因素有哪些。

当使用聊天机器人生成想法时，你可以从一个简单的提示开始，然后逐步添加更多的考虑因素或后续问题，以帮助你达成预期效果。让我们来看看使用聊天机器人如何在学生参与度、评估和差异化教学方面节省时间。

学生参与度

如果你的学生对你当前的教学内容表现出不关心或缺乏兴趣，你可以使用聊天机器人生成与他们兴趣相关的活动创意。这是一个寻找将跨学科实践活动和高兴趣主题相融合的机会，有助于提高学生的学习参与度。以下是几个提示示例，供你参考：

- 我正在教[主题]给[年级]的学生，他们对[兴趣领域]非常感兴趣。请列出一些可以帮助他们保持参与度和知识记忆的关联点。
- 我希望在关于[主题]的新单元中融入读写技能，针对[年级]的学生。请提供一些[形容词]的想法，帮助学生加强[读写技能]。
- 列出10种意想不到的方式向[年级]的学生介绍[主题]。

注意事项：除了包含学生的年级水平外，你还可以补充更详细的学生特征描述，例如“年龄在9—12岁之间的参与课外拓展项目的学生”或“正在学习英语作为第二语言的学生”。

第248期

如何利用聊天机器人支持和吸引学生

在《教育乌托邦》(*Edutopia*)中，教育工作者萨拉·维索茨基（Sarah Wysocki）分享了“让初中生保持专注的3种方法”，其中包括一项使用生成式人工智能的策略。萨拉分享道：“借助聊天机器人，创建符合学生阅读水平且与你所教授的具体标准相契合的教案变得如此简单快捷。在学生对某个主题有了基本的背景知识之后，他们常常会热衷于参与读者剧场活动。”对于英语作为附加语言学习的学生来说，这种创新教育形式在提升他们的口语能力方面成效显著。与此同时，学生的创造力得以展现，每个学生都积极参与，整个课堂活力满满。

评估

为学生设计学业任务和构建学习评价体系，是教育工作者职责的重要组成部分。聊天机器人能够通过帮助你设计诊断性测评的活动，有效地支持你对学生学习的评估过程。以下是你可以尝试的一些提示示例：

支持个性化学习的技巧

- 集思广益，为学生提供个性化学习方法。
- 通过后续指导完善提示。
- 添加信息，如你正在教授的标准。
- 使用聊天机器人查找与学生相关的联系。

- 布置写作任务：为[年级]的学生生成[数量]个关于[主题]的写作任务，以促进他们对相关知识的理解与表达。
- 反馈指导模板：我的学生正在执行[任务]，并期望达到[期望]标准。我需要针对与[标准]相关的[目标]提供反馈。为了帮助他们实现[目标]，我可以使用哪些具体的反馈语言？

差异化教学

大多数教育工作者一致认为，差异化教学是确保所有学生都能有效学习的重要手段。然而，这一过程往往需要耗费大量的规划时间。生成式人工智能能够显著加速这一进程，并为学生创建个性化学习的资源包，以支持差异化教学目标。以下示例提示展示了如何利用该工具实现这一目标：

- 知识解构与情境化：帮助我将[主题]分解为更细小、更易于学生理解的模块。通过类比并结合现实生活中的例子简化概念，使其更贴近[年级]学生的实际认知水平。
- 分步式知识呈现框架：以[数字]个步骤详细解释[任务]的过程，适用于[年级]学生。请注意考虑学生的特定条件[条件]。
- 关键术语词汇：编制一份与[主题]相关的[年级]重要词汇表，帮助学生掌握核心术语。
- 寻找辅助的学习资源：筛选出[数字]个与[主题]相关的播客，分享给[年级]的学生，以丰富他们的学习体验并促进对[主题]的理解。

在本书中，“差异化教学”这一术语与为学生量身定制“恰到好处”的学习体验的建议和策略一同出现。ISTE教师标准指标2.5.a“适应学习者差异”指出：“利用技术创建、调整和个性化学习体验，促进独立学习，并适应学生个体的差异性和需求。”生成式人工智能可以帮助教育工作者为学生创建差异化的资源。

拓展时间：如何利用聊天机器人制作自己的读者剧场

将读者剧场融入课堂活动，可以显著丰富学生在各学科中与内容互动的方式。作为一名教育工作者，我深知寻找高质量且与课程相关的读者剧场剧本是一项挑战。因此，在今天的博客中，我将详细介绍如何借助生成式人工智能工具（例如聊天机器人）创建定制化的阅读材料。

什么是读者剧场？读者剧场是一种教学活动，学生们以小组形式朗读剧本，重点在于有感情地大声朗读。与戏剧表演不同，读者剧场不使用服装或道具，而是注重声音和流畅度。学生无需背诵台词，而是阅读时将剧本放在面前。

这种互动式方法不仅能够提高学生的阅读理解能力，还能在轻松愉快的合作环境中增强他们的口语表达和听力技能。作为一种流行的策略，读者剧场有助于提高流利度和理解力，并以动态的方式让学生参与到文学学习中来，尤其适用于小学和初中课堂。你可以从很多K-12教育资源网站上提前下载一些语音教学资源和视频教育短片备用。

跨学科应用：读者剧场不仅限于英语语言艺术课堂，还可以用于探索其他学科的知识。例如，在科学课堂上，剧本可以探讨复杂的进程，如光合作用；在社会研究课堂上，剧本可以让学生扮演不同的历史人物，使历史事件生动再现；在数学课堂上，剧本可以帮助学生剖析问题解决场景。

如何利用生成式人工智能工具制作读者剧场？人工智能工具聊天机器人可以帮助你创作读者剧场剧本。以下是具体步骤：

- 设定目标：明确读者剧场的教育目标。你是想强化理解、讨论历史事件还是解决数学问题？设定清晰的目标将指导剧本创作过程。

- 编写提示：为聊天机器人开发一个详细的提示。例如：为小学生创作一个关于水循环的读者剧场剧本，包括太阳、水蒸气、雨和雪的角色。

- 审查输出：一旦聊天机器人生成了剧本，仔细审查以确保其符合你的教育目标且适合相应年龄段。你可以添加额外的提示以获得更贴近你目标的版本。例如：请添加这些词汇[列出词汇]。

- 修改和完善：将剧本复制到便于编辑的地方，比如在线文档。根据课堂需求对剧本进行修改，突出关键部分或调整格式。你可以突出显示重要词汇或修改字体。

- 分享给学生：将剧本以纸质或电子版形式分发给学生。如果使用在线文档进行编辑，你可以将其保存为PDF格式或直接分享链接。

以下是一些你可以改编的示例，可以直接使用或作为灵感来源：

- 6年级：创作一个关于蝴蝶生命周期的读者剧场剧本，包含卵、毛毛虫、蛹和蝴蝶的角色，强调“变态”这一概念。

- 4年级：创作一个关于波士顿倾茶事件的读者剧场剧本，突出关键人物、日期和结果，帮助学生理解该事件的历史意义。

- 9年级：创作一个关于可再生能源的读者剧场剧本，包含代表太阳能、风能、水能和地热能的角色，讨论它们的优势和挑战。

- 5年级：创作一个将数学中的比例概念转化为故事的读者剧场剧本，用角色或物品象征数学元素，阐明相关过程。
- 2年级：创作一个关于水循环的读者剧场剧本，包含降水、蒸发、凝结和汇集的角色，确保剧本能够帮助学生理解水循环的各个阶段。
- 3年级：创作一个展示如何通过和平协商和换位思考解决冲突的读者剧场剧本，包含常见的学生冲突场景及可能的解决方案。
- 7年级：创作一个关于科学方法的读者剧场剧本，包含代表每个步骤（提出问题、研究、假设、实验、分析、结论）的角色，帮助学生理解和记住这一过程。
- 4年级：创作一个关于健康饮食和锻炼重要性的读者剧场剧本，包含水果、蔬菜和各种体育活动等角色，以有趣的方式阐述各自的好处。

利用人工智能生成图像

图像生成工具为前文提到的人工智能技术应用方式带来了新的突破。与传统的文本输入和输出形式（如列表、段落或表格）不同，这类工具能够将文本输入转化为视觉化图像输出。如同前文所提到的提示工程，用户需要创建一个精准的文本描述作为期望生成图像的提示。例如，你在进行冬季主题创意写作教学设计时，可以使用“一只拎着手提箱、拿着地图站在冰山上的企鹅”这样的提示语生成你教学中要用到的图像素材。

尽管创建提示没有固定的范式，但有几项关键要素你需要好好考虑。

通常情况下，提示应包含主题、场景、动作和氛围。此外，用户还可以指定期望的生成风格参数（比如你希望输出的图像是卡通风还是写实风）。部分工具提供了过滤器功能，允许开启或关闭某些限制条件，比如调色板和画幅比例调节。

人工智能生成图像的教育应用价值

在课堂环境中，使用图像生成工具有助于节省时间，避免你在浏览器搜图耗时太多，结果发现搜索结果可能并不具备分享许可。这类工具可以生成插图，帮助学生更好地理解一些新的概念，生成的内容还能更新现有的教学材料，而且这类内容更吸引学生。

替代传统搜索的局限性：在课堂环境中，使用图像生成工具有助于节省时间，另外还能规避传统搜索引擎存在的版权风险。当搜索到的一些图片有未经授权重新使用或修改的限制，你无法将此分享给学生时，你可以用该工具为你的教学材料搭配插图，通过精准提示生成“恰到好处”的专属图像，这可能是选择使用人工智能图像生成工具的重要原因之一。

升级旧资源：作为昔日的一线教师，我曾多次重复教授相同的单元。创建定制化的图像是一种升级旧教学资源的有效方式。例如，如果你正在教授一个关于地形的单元，而你的学生喜欢狗，你可以使用提示语“一只黄色的拉布拉多犬站在高原上，背着背包，晒着太阳”来生成一张图片。这类工具不仅能提高学生的参与度，还能帮助他们更好地记忆信息。

解释复杂概念：图像有助于阐释复杂的主题，尤其是在将这些主题分解成各个部分时。例如，在解释几何形状或光合作用等过程时，图像可以帮助学生理解每个部分。通过视觉化展示，学生更容易掌握抽象的概念。

猜提示游戏：我最喜欢介绍生成式人工智能工具的可能性和复杂性的方式是通过一个“猜提示语”活动。在网络研讨会和面对面的线下工作坊中，我已经与成百上千名教育工作者进行过这项活动。如果你也在讨论提示语生成，不妨也与学生或同事一起尝试。在这个活动中，打开一个图像生成工具，输入提示生成图像。你可以参考我最喜欢的一个提示语：“一只北极熊在纽约市的夜晚跳舞。”将生成的图像下载下来并展示给小组成员，让他们与搭档讨论可能生成该图像的提示语是什么，然后与大家一起分享。我做这个活动时，喜欢使用交互式平台中自带的“开放式问题”功能。公布结果后，你可以请各个小组分享他们可能会添加到提示语中的内容，或者分享关于输入和输出让他们意想不到的地方。

更多利用AI图像生成工具的场景

有多个教学场景能让你通过文本提示来创建图像，包括以下这些：

- 诗歌意象可视化。
- 历史场景重构。
- 地理地貌解析。
- 科学实验预演。
- 工程制图辅助。

拓展时间：如何借助人工智能工具打造冬季课堂活动

教育工作者可以利用人工智能工具的方式有很多，而我最喜欢的一种是借助其进行头脑风暴并强化课堂活动。随着冬季的临近，将主题性活动融入课堂或许是你的教学设计之一。得益于人工智能工具的帮助，打造引人入胜的冬季课堂活动比以往任何时候都更容易。

借助聊天机器人或人工智能驱动的扩展程序等工具，你可以收集创意并为冬季课堂活动量身定制内容。从生成节日音乐到创作令人惊叹的视觉效果，人工智能提供了无数种方法，将冬季元素融入任何学科的教学中。

在后文中，我们将探讨如何利用人工智能工具来节省时间，从而打造冬季主题的学习体验。我将重点介绍一些教师们喜爱的免费和低成本的用人工智能工具打造冬季活动的方式。

在课堂上使用人工智能工具可以为传统课程带来独特的变化。例如，在科学课上，你可以利用人工智能工具将生物学主题与季节性现象联系起来。或者在社会研究课上，你或许可以使用人工智能图像生成工具来创建描绘世界各地冬季节日的图像。可能性无穷无尽，希望这份清单能为你提供一些启发，助你开启探索之旅。

• 将课程与冬季主题相联系：借助人工智能定制课程计划，使其反映冬季主题。你可以使用聊天机器人，让历史或科学等学科与当前季节相关联。

它是如何运作的？试试这个提示：我正在给一群[年级]的学生讲授[主题]。我想把这个主题与冬季联系起来。给我5个关于这个主题如何与冬季相联系的想法。

• 寻找冬季表情符号：我喜欢“表情符号查找器”，但我知道如果要寻找完美的表情符号，可能会占用宝贵的规划时间。通过添加冬季主题的表情符号来增进课堂交流，比如你的每周通讯，或者给学生作业增添冬季元素。

它是如何运作的？试试这个提示：给我10个冬季主题的表情符号。或者试试这个提示：这是我要与学生分享的资源列表，在每行后面加上一个冬季表情符号[粘贴列表]。

• 创作冬日序曲：利用人工智能工具创作出具有冬季氛围的音乐与学生分享。你可以让学生猜猜创作提示，看看他们能否找出与冬季的关联。这是在课堂上营造冬季氛围并为不同活动伴奏的绝佳方式。

- 冬季主题词汇：我喜欢分享词汇教学的技巧，你可能听过这期播客节目“如何利用人工智能教授词汇”或者读过我在《教育乌托邦》上的客座文章“利用人工智能支持词汇课程”。视觉学习效果显著，你可以利用人工智能生成的图片来帮助解释新词汇，并赋予其冬季特色。

它是如何运作的？试试这样的提示，描述一个在寒冷地方的词汇，比如“火山”。例如：一座被雪覆盖的休眠火山。

- 生成冬季故事：让人工智能创作一些简短的冬季故事供学生阅读。你可以使用聊天机器人工具来生成具有主题性、适合不同水平的段落与学生分享。聊天机器人生成的段落可能并非完美，但你可以对其进行调整，使其适合你的学生群体。

- 创作冬季主题的读者剧场：读者剧场活动，即学生们各自扮演一个角色，一起大声朗读一段文字，这类活动很难找到。你可以使用聊天机器人来为你的学生创作定制的读者剧场。

- 关于冬季的趣味事实：在冬季，你或许会决定每天开始时分享一个关于冬季的趣味事实。你可以请聊天机器人列出一些事实与你的学生分享。和你要求聊天机器人生成的任何事实类内容一样，你需要自己通过快速上网搜索来核实一下。

- 激发冬日诗情：我之前分享过一些诗歌创作的点子，比如这篇博客文章“适合学生的13个诗歌月活动”。为了增添冬日氛围，可以使用在线设计平台中新嵌入的AI魔法设计之类的人工智能工具创作一些冬季主题的图片。然后，让学生选择一张图片，并以此为灵感创作一首诗。

利用人工智能来辅助教学规划，今年肯定能为你节省大量时间。聊天机器人可以帮助你节省收集和提炼想法的时间。而在线设计平台Adobe这样由人工智能驱动的图像生成工具“萤火虫”（Firefly）也能帮助你创建补充资源。

更聪明而非更辛劳地工作

“更聪明而非更辛劳地工作”这一理念虽然有些像陈词滥调，但在我与教育工作者探讨生成式人工智能的应用时，始终是重要的指导原则。在各类线下研讨会和网络研讨会上，我经常提出这样一个问题：“哪些工作任务占用了你过多的时间？”除了本章所描述的创意和资源生成外，这个问题还涵盖了日常工作中那些烦琐或行政性的事务。过去10年间，我一直致力于简化教育技术的应用，通过分享实用技巧和策略来支持技术整合并提升教学生产力。在一周的学校工作中，使用生成式人工智能工具，能帮助你比以往任何时候都更容易节约时间。

让我们来看看你可能感到不堪重负的几个重灾区，并探讨一些你可以根据所选聊天机器人的特点进行调整的提示，以帮助你减轻工作负担。

电子邮件往来

聊天机器人可以帮助你快速起草电子邮件模板，你可以对其进行自定义，然后在整个学年中重复使用。你还可以在聊天机器人的帮助下修改已经写好但需要改进的电子邮件。以下是两个电子邮件的示例提示语：

- 迎新邮件：写一封欢迎新家庭加入我们学校的邮件。包含我们的使命[插入使命]，并提醒[插入提醒]。
- 活动提醒：创建一个提醒家庭即将到来的实地考察的电子邮件模板。包含一个项目符号列表，给我留出空间添加具体信息（例如，时间、地点、需要携带的物品等）。

创建复习材料

在与学生分享资源（如复习材料）时，你可能需要额外的帮助来查找补充资源。聊天机器人可以协助你完成此任务，如下列提示语所示：

- 使用加粗体、斜体和下划线突出显示关键信息，引起学生对关键要点的注意。
- 建议用视觉化信息，帮助学生记住此大纲中的每个关键要点的信息。
- 为我的[年级]班级的学生制作一个不超过[数字]分钟的视频播放列表，帮助他们学习[技能]。

组织信息

聊天机器人可以帮助加快那些无聊耗时的任务——那些任务你显然可以自己完成但可能会耽误你完成更有价值的任务。使用下方示例时，你可能已经有现成的一段文本信息了，只需要结合提示语一起使用，但你需要确保删除任何涉及个人、私密或敏感的信息。

- 将此列表转换为表格，一列用于[类别]，另一列用于[类别]。
- 为这段文本添加标题和副标题 [粘贴文本]。
- 为我制作一个用于跟踪日常习惯的电子表格，列包括[日期]、[习惯#1]、[习惯#2] 和 [习惯#3]。
- 概括我这次会议的笔记 [粘贴文本]。

拓展时间：利用人工智能工具来打造教室装饰

人工智能工具可以在很多方面为教师节省时间，比如制作课堂装饰。从博客文章到播客节目，人工智能（AI）今年一直是个超级热门的话题。如果你参加过我的工作坊或网络研讨会，你就知道我喜欢分享利用这项技术的新方法。

我们通常认为人工智能是在幕后工作的，它似乎不太具体实在。但我们也能够利用这项技术来帮助我们创造在实体空间中与之互动的事物。如果你想在学年中制作教室装饰，像聊天机器人和图片生成器这样由人工智能驱动的工具可以帮助你节省时间并收集大量让你眼前一亮的想法。

为何使用人工智能工具打造教室装饰？借助人工智能工具，你可以快速生成创意，将其完善以符合你的设想，甚至可以使用聊天机器人作为合作伙伴，将你的想法变为现实。从设计海报到制作定制的欢迎标语，人工智能工具可以处理各种任务。人工智能工具可以帮助你打造独一无二且个性化的教室装饰。我为你准备了一些想法供你参考，所有这些想法都已准备好供你定制。

- 制作欢迎标识：使用在线设计工具Adobe自带的“萤火虫”设计一个能体现你课堂特色的欢迎标识。页面底部的文本创建功能（向下滚动即可找到）可让你描述想要使用的文本类型。你可以制作一个背景中有苹果或黄色铅笔的“欢迎”标识。这些标识可能难以解读，所以你要确保所制作的内容对学生来说是易于理解的。

- 制作提醒海报：你会在教室里制作海报来提醒学生注意程序和期望吗？你可以使用“可画”（Canva）提供的“魔力工具室”生成AI图像，并将其制作成色彩鲜艳的海报来装饰教室的墙壁。例如，你可以制作一张提醒学生好好洗手的海报，并将其张贴在教室的水槽附近。你不必使用水槽的图片，而是可以创建一个自定义图像，比如让学校的吉祥物洗手，并将其用于海报。

- 制作音乐公告板：今年早些时候，在博客上我分享了我喜爱的人工智能音乐工具。其中有一个我很喜欢的工具，它能让你通过文字提示创作一段简短的音乐。这个工具让你可以下载文件或者以链接形式分享。由于你可以保存链接，因此还可以再进一步将其转换成二维码。有了二维码，你就有无数种选择来装饰教室。使用人工智能工具为课堂创作音乐，通过基于描述的提示生成用于教育用途的定制AI音乐片段。
- 向聊天机器人寻求创意：如果拿不准主意，可以向人工智能工具寻求帮助来装饰教室。聊天机器人可以帮助你收集创意。无论你是从零开始还是想要完善想法，它都可以作为你的合作伙伴或思维伙伴。这是如何操作的呢？你可以从简单的提示开始，比如："我们即将学习的主题是[主题]。给我一些教室装饰的创意。"当然，你还可以通过在提示中添加更多内容来使其更具体，例如"我们有一个公告板空间"或"我想在教室的角落挂一些装饰品"。

为你的教室装饰收集创意和资源可能看起来并非本学年使用人工智能工具的显而易见的方式。然而，将人工智能融入你的教室装饰过程能够将你的授课空间转变为充满活力、引人入胜的学习环境。像我在本文中分享的那些人工智能驱动的工具，可以为你节省时间，并为你的装饰增添创意元素。

尽管人工智能工具能大幅提升工作效率，教育工作者仍需注意：

- 对人工智能生成的内容进行教学适宜性审查。
- 确保版权素材的合规使用。
- 保持人工创意的主导地位。
- 定期更新提示词库以匹配教学进展。

拓展时间：季节性教室装饰

教室的装饰通常具有季节性，主题会随着一年中不同时间的变化而改变。尽管世界各地的春季天气不尽相同，但我们通常认为春季是生长和更新的季节。这使得春季成为更新公告板和教室装饰的绝佳时机。

在春天装饰教室不只是让空间变得明亮——它还能成为一种强大的教学工具。通过在装饰中融入科技元素，你可以为学生提供互动性强且引人入胜的体验，这些体验与他们所学的内容相联系。从二维码到人工智能生成的图像，以春天为主题的装饰能够帮助你将创意与课程内容相融合。

让我们来看看几个适合春天的教室装饰创意，你完全可以根据你所教的学生群体进行调整！

以春季为主题的教室装饰可以直接与课程内容相结合，无论是科学课上研究植物的生命周期，社会研究课上探讨地球日，还是数学课上解决与春季相关的应用题。充满科技感的教室装饰可以为这些主题增添多媒体元素。

这份引人注目的春季科技教室装饰创意清单包含11个点子，比如编程角、人工智能生成的图像以及互动式公告板等数字工具。例如，你可以在海报上添加一个二维码，链接到学生制作的解释某个概念的视频。或者你可以使用人工智能生成的图像来为“绽放”和“更新”等词汇配图。这些创意让教室装饰既实用又有趣，有助于支持学生的学习。

- 带有人工智能生成图片的公告板：创建一个展示春季主题的人工智能生成图片的公告板。这可以包括盛开的花朵或春季风景等内容。学生们可以为这些图片配上说明文字，解释图片内容或将其与课程联系起来，比如“授粉过程”或“不同生物群落中的春天”。利用内嵌AI助手的在线设计工具，你可以设计出独特的视觉效果，激发学生的兴趣和创造力。

- 学生制作的视频教程：让学生制作简短的视频，演示如何解决与春天相关的文字题。这可以包括计算为装点新花园需要多少种子，或者如何分配野餐用品。这些视频可以上传到云端硬盘这样的平台，然后链接到二维码。你可以将二维码添加到海报或布告板上，供其他人扫描并观看视频。

- 春日主题音乐播放列表：我喜欢播放列表，你可能已经查看过我整理的与教育领域人工智能相关的播客播放列表。若想来点音乐方面的，你可以为学生整理一个春日主题的歌曲播放列表。为了让学生或任何路过你公告板的人都能方便使用，你可以将歌曲与二维码关联起来。你也可以将这些春日主题歌曲整理成歌单上传至音乐流媒体平台或通过生成一个链接上传至视频平台来实现这一点。像《太阳出来了》(*Here Comes the Sun*)或《多么美好的世界》(*What a Wonderful World*)这样的歌曲可以在教室里营造出欢快的氛围。将二维码张贴在听歌站附近或作为春日主题墙饰的一部分。

- 人工智能生成的涂色书页：利用人工智能工具创作带有春天主题(如花朵、蝴蝶或雨天场景)的定制涂色书页。学生们可以在听朗读或音频片段时给这些页面上色。完成的作品可以展示在教室的布告栏上。这项活动将线下创意与人工智能生成的涂色书页带来的数字设计元素相结合。

- 互动式自然时间轴：使用二维码链接到有关植物生长阶段或地球日历史的视频或网站。

- 虚拟实地考察展示：在公告板上张贴二维码，这些二维码链接到植物园或国家公园的虚拟实地考察。

- 数码相框：在教室里设置一个屏幕，展示学生们拍摄的春天照片的幻灯片。你也可以从一些高质量的免费图片分享平台精选这类照片。

- 编程挑战角：为学生们展示一个以春天为主题的编程谜题，让他们使用例如 面向儿童和初学者的可视化编程工具的平台来解决。
- 带二维码的图书推荐：打造一个以春天为主题的图书展示区，每本书都附有一个二维码，扫描后可观看学生对该书的视频书评。
- 天气数据展示：使用数字板或打印件来展示整个春季的每日天气更新和趋势。你可以将其与班级工作相结合，每周安排学生轮流分享春季天气更新情况。
- 带有人工智能图片的词汇墙：将与春天相关的词汇与人工智能生成的图片配对，以阐释诸如“绽放”或“栖息地”等概念。你甚至可以让学生使用学校接入的人工智能工具自行创作图片。

用春季主题装饰教室是吸引学生注意力、为学习环境注入新鲜活力的绝佳方式。将科技融入装饰中，你可以创造机会让学生通过多媒体互动体验来学习，这些体验还能与你的课程内容相联系。

深入探索人工智能在教育中的应用

在本章中，我们探讨了生成式人工智能，特别是那些能够响应文本输入并提供文本或图像输出的聊天机器人。对于前文所述的一些提示语示例，你可选用一些输入给你的聊天机器人。随着你继续深入研究人工智能及其对教育的影响，你将需要一些专门针对教育领域的工具和一些更进阶的用法，下述示例可以供你进一步尝试。

检验教学专用人工智能神器

在我的《轻松教育技术》播客的一期里，我介绍了“每位教师都应了解的4种人工智能工具”。这些工具类型包括本章前面提到的聊天机器人和图片生成器，以及问题生成器和演示文稿生成器。下面我们将着重探讨使用后两类工具所能实现的功能。

问题生成器：这类工具可以根据主题、目标、标准和年级水平等信息，自动生成一系列问题，供教师用于检查学生的理解情况。这类工具为你节省了大量的出题时间，能自动为学生生成包含选择题、简答题、开放式问题等多元题型测评库。需注意的是，生成的题目需经教师专业审核，确保其准确性和适用性，并通过增删调整确保其与教学目标匹配，以确保它们适合特定的教学群体。我推荐你使用快速生成混合题型和管理互动式测验的工具，或选用写作助手这类工具获取带有核心词汇相关的提示。

演示文稿生成器：这类工具可以

使用不同类型人工智能工具的技巧

- 为聊天机器人写一个提示，比如列一个清单。
- 使用图片生成器创建完美图片。
- 尝试使用问题生成器进行形成性评估。
- 使用演示文稿制作工具为学生制作互动演示文稿。

本学年探索人工智能的理由

- 提高效率和节省时间：人工智能工具能够处理重复性任务。这能让你有更多时间专注于与学生互动以及提供高质量的教学。
- 满足个性化需求：利用人工智能驱动的工具为每位学生定制学习体验。你可以分析学生的表现数据，以识别学习差距，并提供满足其需求的有针对性的资源或活动。
- 激发创造力：人工智能还能充当创意助手。从生成写作灵感到设计图像或演示文稿，它都能帮助你和学生突破常规思维，创作出视觉效果吸引人的内容。
- 面向未来的技能：了解人工智能能让学生为科技驱动的未来做好准备。在课堂上引入这些概念，你不仅是在教授技术，更是在帮助学生培养批判性思维和解决问题的能力，这些能力将使他们在任何职业中受益。

帮助教师快速设计幻灯片，加快制作过程，同时帮助寻找与之匹配的支持性的媒体资源，甚至还支持交互式教学组件嵌入。与问题生成器类似，教师需要凭借专业判断力校准生成的内容，确保幻灯片符合教学需求。我建议你使用专为教育工作者设计的互动课程平台创建高互动性的演示文稿，或通过可画的“魔力工作室”工具的文转图功能，实现高质量的视觉化学习转化。

拓展时间：为课堂创建引人入胜的人工智能虚拟形象视频

作为教育工作者，我们一直在寻找能够简化课程制作流程并保持学生参与度的工具。想象一下，利用人工智能工具就可以轻松地将课程材料转化为互动视频内容，而且是快速、高效且大规模地进行。你准备好创建人工智能虚拟形象视频了吗？市面上有很多工具，允许用户通过文本输入快速创建高质量的数字视频。你可以使用它帮助你简化视频制作流程，并使内容更易于学生获取。有的人工智能视频生成器为教师提供了现有素材制作来定制视频。你可以生成定制的虚拟形象，并在几分钟内制作出个性化的内容。

- 使用一体化生成式人工智能平台：这类平台提供了用于创建个性化视频消息的工具。这些工具对于希望与大量学生、教职员工或家长建立联系的教育工作者和管理人员非常有用。通过一个简单的模板，你可以在脚本中添加个性化标签，就像在电子邮件构建器中一样，上传包含个人详细信息的电子表格，平台会将标签替换为表格中提供的信息，从而生成定制化的视频消息。这在一年中忙碌的时期特别有用，比如开学季或有特殊通知时，你希望为原本通用的消息增添个性化元素。

- 大规模个性化视频消息：个性化消息有助于与受众建立更紧密的联系，只需点击几下即可将文本转换为视频。例如，有一次我未真实出镜，而是让数字人生成工作室创建了我的一个虚拟形象来向新生家长致欢迎词。无论是学生收到你制作的解释视频链接，还是家庭收到即将举行的活动通知，此功能的用途数不胜数。对于管理多个班级或大量学生的教师来说，此功能可轻松创建快速视频，无需花费数小时进行编辑。

- 定制AI虚拟形象助力个性化学习：数字形象生成工具提供创建自定义虚拟形象的选项，允许教育工作者为学生提供更加个性化的学习体验。教师可以创建与自己相似的虚拟形象，将数字人版本的自己添加到课程中。如果你刚开始探索利用人工智能的方法，这可能是一个很好的起点。当然，如果你目前还不太愿意出镜并把自己变成虚拟形象，你也可以从系统自带的虚拟形象库中选择固定的形象。

- 远程学习和异步内容探索：这些虚拟形象还为远程学习环境和异步内容探索提供了解决方案。当学生看到熟悉的面孔或听到熟悉的声音引导他们学习时，即便只是通过虚拟形象，他们也会找到一种一致性的感觉。这一功能是保持形式上的持续性的一种强有力的方式，尤其是在混合式或完全在线的学习模式中。

- 将文档直接转换为视频：使用“文档转视频”功能，教育工作者只需上传一个演示文稿或PDF格式的文件即可。然后，此类工具会分析内容，生成脚本，并制作出能体现你演示文稿精华部分的视频。此类工具能够节省宝贵的时间，减轻工作负担，将书面内容转化成视觉媒体作品。对于时间有限、无法制作多媒体内容的教师来说，文档转视频功能提供了一个快速解决方案，而且不会影响质量。该平台支持多种文件类型，可轻松将现有材料转换为生动的视频课程。无论你教授的是科学、历史还是数学，此功能都能帮助你的课程变得生动有趣。我喜欢这个功能的一点在于它迎合了视觉学习者的需求，并通过结构化的视频内容让学生保持专注。它减轻了制作视频内容的繁重工作，让你有一个良好的开端。我上传了最近给一群高中生做的演示文稿中的几张幻灯片，生成的脚本让我感到惊喜。虽然大多数人工智能生成的内容并非完美无缺，但它给了我机会快速进行一些编辑，从而完成视频制作。

- 即时视频创作助力课程灵活教学：使用“主题转视频”功能，教师只需输入简短的主题提示，平台就能自动获取相关视觉素材、脚本和背景信息，生成精美的视频。这类人工智能工具特别适合需要快速制作新主题概览或介绍视频的教育工作者。无需花费数小时准备，你就能创建定制视频。你可以查看工具生成的内容，根据学生需求进行编辑，然后分享给学生。此外，视频特效、翻译选项和人工智能图片生成器提供了进一步的定制化和灵活性。你可以使用此平台将课程内容翻译成多种语言。这类工具帮助教师满足更广泛的学生群体需求，使课程更具可访问性和包容性。在为家庭创建内容时，这些工具也可以派上用场。

- 超越课堂的拓展应用：这类软件不仅能布局到传统的K-12教育环境中，它还被一些先行者灵活地整合到教学培训、学习与发展专业人士以及市议会中，专门用于为特定受众制作信息视频。学校可以利用这类工具为家庭和家长沟通创建视频内容。它还可以用于新教师入职培训，或者作为专业发展课程的补充材料。

此类工具让教育工作者能够更轻松地制作出高质量、视觉效果引人入胜的内容，无需具备深厚的技术知识。对于学校管理人员或学区领导而言，这类工具能够简化沟通。你是否正在为学校社区创作内容？这类一体化平台能够帮助你提供一致且易于理解的信息，以便传达给每一位利益相关者。

尝试进阶提示语

如果你有设计提示语的经验，可能已经准备好通过添加特定条件将简单的提示语提升到更高水平。你可以参考以下优化建议将其纳入你已编写好的提示语中，以获得更高质量的提示语：

- 提供多个选项供我选择。
- 请参考我期望的结果类型示例[插入示例]。
- 我不希望（请排除）类似于[插入示例1]或[插入示例2]的结果。
- 请向我提出一些关键问题，之后我回答以便你能提供更精准的结果。

分享你的学习成果

随着你继续深入使用教育技术的核心生成工具，在分享学习经验方面你逐渐处于优势地位。用人工智能赋能教育正处于蓬勃发展的阶段，即使你不愿意以“专家”自居，仅凭尝试将人工智能工具运用在教育中这一行动，你在所在的学校社区里也可成为这个领域的权威人士。你的学习成果不仅让你个人受益匪浅，还应该分享给你的同事，毕竟知识共享和同侪协作在教育领域中也是至关重要的。

为促进你的学习成果能有效地支持到同事，我建议你采取以下措施：首先，你可以创建一个经过教学实践验证的提示语集合，并将其与学校的实际需求相结合。其次，你还可以组织一次午餐研讨会，向你的同事们展示人工智能的应用潜力及如何使用它以便节省时间。最后，如果你定期撰写教学周报或月报，你可以增设一个“智能工具推荐”的专栏，每次你附上一个自己喜欢的提示语或者推荐一款值得每个人探索的人工智能工具。

本章思考

当前，教育工作者以数字化手段或使用人工智能技术辅助教学设计正开展得如火如荼。各类热门在线平台已经为你准备了数不胜数的规划灵感，你可以从浏览器搜索“生态系统教学点子”，也可以到各类“种草”网站探索“因果关系课程的图表组织器”。正如这些平台可以帮助你收集想法或启动规划过程一样，对话式人工智能（比如本章特别强调的聊天机器人）也可以通过回答问题为你提供创意和灵感。

当我和教育工作者讨论将生成式人工智能工具应用于教学设计和行政性事务时，我经常提到这项技术能够帮助我们完成大约80%的工作。当然，这只是一个估计数，但我的目的是强调，如果我们策略性地使用生成式人工智能工具，它可以显著节省时间——但它不会取代我们的判断力和专业知识。我们仍然需要根据具体目标定制回答，并在审查输出内容时决定哪些保留、哪些需要舍弃。聊天机器人的回复并非完美无缺，正如我们将在下一章探讨的那样，你需要审核由人工智能生成的数字内容，以确保其符合分享标准。

第4章

以人工智能思维评估数字内容

连接 connect	回顾 review	检查 examine	衡量 gauge
评判 judge	检查 inspect		

评估信息来源是成功驾驭网络空间的关键要素，尤其是在一个网络内容可能由人工智能生成的世界里。在本章，我将为你提供3个视角来帮助你深度了解评估信息来源的重要性：（1）审视人工智能生成的内容；（2）强调学生学习成果中的过程；（3）将数字公民技能融入人工智能的讨论。

建立严谨的评估机制很有必要性，既服务于学生在数字空间探索，也能支撑教育工作者在教学实践中筛选高质量的内容，拓展教学资源。随着人工智能生成的内容日益普及，教育工作者自身以及教会学生掌握这种评估机制比以往任何时候都要重要。

为何这至关重要

评估信息来源并判断其真实性和权威性是所有年龄段学生不可或缺的技能。学生应能够确定信息的来源，并判断所找到的来源是否可信。这是数字公民素养的重要组成部分，这一主题贯穿本书始终。对于探索人工智能潜力的教育工作者而言，理解使用人工智能生成内容的局限性以及评估由生成式人工智能工具创建或建议的内容至关重要。

在其论文《分配AI：七种适用于学生的策略及提示》（*Assigning AI: Seven Approaches for Students, with Prompts*）中，伊桑·莫利克（Ethan Mollick）和莉拉赫·莫利克（Lilach Mollick）探讨了人工智能工具的潜力，包括将“AI作为团队成员”的应用，并描述了使用聊天机器人促进协作和支持所带来的力量与风险。两位作者警告说，“人工智能可能会编造或捏造事实……它可能提供不具体或缺乏情境化的建议”。这是我们自己使用人工智能或与人工智能生成内容互动时面临的风险之一。

教育领导者在示范如何评估内容方面承担着关键职责。国际教育技术协会（ISTE）教育领导者标准指标4.7.c“促进媒体评估”就涉及领导者角色的这一方面，指出领导者应当“支持教育工作者和学生批判性地审视在线媒体来源，并识别其潜在假设”。在一个生成式人工智能能够制造出难以与真实内容区分开来的信息的时代，这一点尤为突出。

检验数字内容

并非所有数字内容都明确标注为“由人工智能生成”，这进一步增加了判断内容准确性和可靠性的难度，也凸显了评估我们在数字空间中接触到的各类内容（包括文本、音频、视频和图像）的重要价值。作为多元化数字内容的消费者，我们需要搭建一个涵盖评估内容权威性、准确性和真实性3个维度的系统性评估体系。

权威性

在查阅纸质或数字格式的资料时，学生必须判断这个来源是否可靠，并确认作者或创作者是否具备足够的专业知识来分享相关信息。简而言之，学生应自问：“这是一个值得信赖的来源吗？”早期探索网络空间时，我们通常首先查看网站的域名（如.edu、.org 或.com）以评估其权威性。尽管学生在评估来源时仍可考虑这些信息，但这只是其中的一部分。信息发布者（作者和组织）的背景及潜在偏见也应纳入考量。以下是你可以用来示范如何评估来源的几个问题，学生在独立工作时也可以使用这些问题：

- 这是谁写的？谁制作的？谁录制的？
- 这个网站的所有者是谁？谁制作了这个视频或播客录音？
- 该作者或组织是否有专业的资质分享这些信息？
- 该作者或组织是否存在潜在偏见？
- 这个内容是否有明确的商业赞助？是否与发布者存在未披露的商业关联？

- 这段音频/视频片段似乎不太对劲；我可以去哪里确认其真实性？
- 作者是否为所引用的信息或提出的主张提供了来源？

在与学生一起进行在线搜索时，如果遇到新的来源，你可以展示自己的思考过程。前文提到的“出声思考”教学策略依旧可以应用在这里，学生应该跟紧你的思考过程，知道你决定何时使用某个资源，何时继续寻找新的资源。这既可以在你事先计划好的教学环节里出现，也可以在意料不到的时刻发生，把握好这个突发性教学契机，为你的学生亲自示范。

准确性

在上一章中，我们讨论了使用人工智能工具生成内容的策略，并强调了检查输出准确性的重要性。检查来源的准确性不仅对于与人工智能互动至关重要，也是审查印刷或数字内容的重要部分。与前面关于权威性的相关问题参考类似，你可以向学生展示如何通过对比两个来源来核实信息。例如，在示范如何在数字空间中核实你读到、看到或听到的信息时，你可以使用以下句子开头：

- 这看起来不太对劲，让我们再查一个来源……
- 我想确保我得到的信息是准确的，不知道哪里可以查一下……
- 在使用这些信息之前，我想确认其正确性……

如果内容是通过人工智能生成的，可能会附带一个归属说明，需要特别注意的是，这种类型的标注说明目前尚未形成统一规范，存在监管盲区。

真实性

要确定一段内容是否真实，重要的是了解生成式人工智能的实际能力。尽管使用人工智能的方式有很多，但在本书中，我们主要探讨了文本和图像输出，以及教育工作者如何利用这些媒体创建内容并与学生、同事和家人分享。作为消费者，你和你的学生在浏览网络空间时会遇到各种通过人工智能工具生成的作品。这些经历可能会引发关于一段文本、一张图片、一段视频或一个音频文件真实性的深入讨论。

在评估文本的真实性时，你可以使用之前列出的一些审查问题来验证其权威性和准确性。对于图像、视频和音频内容——尤其是与当前事件或有争议的政治问题相关的内容——确定其真实性可能更具挑战性。你可能听说过“深度伪造”这个技术术语，或者遇到过看起来“不太对劲”的媒体内容。根据《纽约时报》2023年发表的一篇文章，萨塔里亚诺（Satariano）和莫祖尔（Mozur）描述了观看人工智能生成的视频内容时可能会看到的情况：“有些不对劲。他们（视频中的人）的声音生硬，与嘴部动作不同步。他们的脸有像素块状的斑点，是一种类似电子游戏的质感，头发看起来不自然地贴在头上。字幕中满是语法错误。”尽管在当前形势下与人工智能生成的内容互动时可能会觉得有些“不对劲”，但这项技术只会越来越强大，使得判断一张图片、一段视频或一段音频记录是否真实变得越来越困难。在筛选内容时牢记这一点：你才是为学生筛选内容的“策展人”，评估者职责是你工作中一个重要部分。你还可以决定与学生一起查看人工智能生成的多媒体示例，展示你如何质疑你分享或在网上遇到的图像、视频或音频记录的真实性。

为了向学生展示这一技能，你可以使用以下这样的句子开头：

- 这声音和视频不太匹配；我想知道是不是……
- 这张照片似乎难以置信/图像细节违背规律。我们可以在哪里核实它的真伪……
- 这段音频听起来有点不对劲，但我说不出具体哪里不对。让我们再和……核对一下。

人工智能生成的内容能够模拟人的声音或动作，从而制造出关于人物、地点和时事的虚假图像，这确实令人担忧。作为教育工作者，你可以将有关媒体素养的讨论与培养放到跨学科学习中，比如说将英语语言艺术课中培养文学精读的课程与社会研究单元（如历史上不同时期的宣传手段）结合起来，让学生更深刻地认识到媒体资源鉴伪的重要性。

重视学生学习过程中的成果展示

在与教育工作者关于人工智能（特别是生成式人工智能）的交流中，我注意到一个普遍的担忧：如何防止学生依赖人工智能工具来完成作业。过去，我们在教育领域也曾有过类似的讨论，例如计算器（如今在手机上易于获取）或搜索引擎（已成为我们日常生活的一部分）。我提及这些例子并非轻视你或你的同事、家长可能存在的合理担忧，而是为了重新构建关于评估学生作业的对话，将重点更多地放在庆祝学生在创作学习成果时所经历的过程上。

在下一章中，我们将探讨学生创作的具体实例，并讨论这些实例在课堂上的呈现方式。但首先，让我们为应对生成式人工智能对学生学习成果产生的影响以及如何刻意为学生设计学习体验奠定基础。下面将分享给你

3种可以用来庆祝学生进步并评估其学习过程的方法。

头脑风暴

鼓励学生在项目选定方向之前进行充分的头脑风暴。这可以包括绘制思维导图或使用数字白板工具，让学生能够连接和扩展一系列想法。通过让学生与同学分享他们的前3项最佳想法，我们可以庆祝这一重要的学习成果。

草稿与反馈

在学习过程中安排时间，让学生征求并接受对其工作的反馈。这是重要的协作行动，我们将在本书后面部分详细探讨在数字空间中协作的策略。将反馈纳入创作过程不仅使学生对将想法付诸实践的第一步负责，还培养了他们的批判性思维和协作能力。

发布附带笔记

在我担任一线课堂教师时，我会要求学生在展示他们的最终写作作品之前，将其思维导图和草稿装订成册。在“聊天机器人”这个词进入我们的共同词汇表之前，我就知道除了成果之外，庆祝过程也很重要。你可以明确要求学生发表他们的作品，并附上创作过程的说明，例如提交一段补充的音频记录，讨论他们在创作过程中所做的决策。关注“过程”可以让学生明白，他们的创作是不断发展的，包含多次迭代，而最终的作品只是学习之旅中值得庆祝的一部分。

尽管你的学生现在或将来可能会在你认可或批准的情况下将人工智能

工具融入他们的作品中，但建立一种庆祝学生学习过程的常规，能更好地让他们为确保自己作品的准确性和真实性做好准备。这种做法不仅有助于提高学生的责任感，还能为他们未来的学术和职业生涯打下坚实的基础。

培养学生的数字公民意识

评估能力是线上线下学习体验中不可或缺的关键技能，甚至可以说是当代学生要具备的核心素养，属于修订版布卢姆分类法提到的高级认知过程。在人工智能时代，评估能力对于有效驾驭网络空间尤为重要。学生可能通过系统化的数字公民课程或非结构化的实践经验接触与数字公民意识有关的知识。评估信息来源的学习活动不仅有助于强化这一技能的培养，还能让学生将所学知识应用于实践，但这只是整体教育培养中的一部分。

教师可以将学生对数字空间贡献的讨论与使用人工智能生成内容的议题有机结合。除了评估在线内容的权威性、准确性和真实性外，学生还应批判性地反思自己在数字空间中的行为选择，特别是分享未经适当标注的人工智能生成内容所带来的技术伦理影响。我们强调，鼓励学生将人工智

如何应用原创性报告

美国许多学校和学区使用软件来检测抄袭，尤其是在中学阶段。这种做法在生成式人工智能工具广泛使用之前就已经开始了。在人工智能时代，人们可能会倾向于依靠这些工具来评估学生作业，然而要精确判定内容是否涉及人工智能辅助创作仍存在技术挑战。如果你看到原创性报告的检测结果，一上来就直接指责学生可能会损害师生关系和教育信任关系，并对人工智能在教学和学习场景中的应用探讨产生消极影响。相反，我建议你将原创性报告中的异常数据视为一个与学生对话的契机，这既能促进学生培养数字公民意识，又能让学生对创作过程进行反思，而非单纯将其作为实施惩罚的依据。

能视为辅助工具而非创造替代品的机器，肯定他们的创造性过程以及不断改进、迭代内容的过程。这可能会有效规避学生将人工智能完全视为论文代写或完成家庭作业的助力神器。

此外，教师可以引导学生探讨其作为数字公民的角色，包括数字足迹和知识产权的管理。例如，设计一堂课，让学生列出他们希望他人用来描述自己的形容词，通过集体研讨确立符合该形象期待的网络行为准则（数字足迹塑造），并思考他们如何通过线上行为（数字足迹）来实现这些期望。帮助学生尽早培养数字素养，这一点至关重要，这样他们才能识别错误信息、保护自己的隐私并负责任地与他人互动。（我们将在第12章中进一步讨论。）

根据国际教育技术协会（ISTE）学生标准1.2“数字公民”，指标1.2.a“数字足迹”指出：“学生应培养和管理自己的数字身份和声誉，并意识到其在网络世界中的行为具有永久性。”指标1.2.c“知识产权”则强调：“学生应展示对使用和分享知识产权的权利和义务的理解和尊重。”

本章思考

在人工智能生成内容日益普及的时代，这些内容可能随时出现在我们的笔记本电脑、平板电脑和智能手机上。因此，教育工作者和学生亟需深刻理解评估数字内容的重要性。作为信息消费者，我们应审视由人工智能生成的内容，并为学生树立批判性思维的榜样，引导他们以怀疑的态度对待媒体，直至确信其权威性、准确性和真实性。为了支持学生创作者，我们应在学习成果的创作和评估过程中强调过程导向，并将数字公民技能融入关于人工智能的讨论中。在接下来的几章中，我们将继续探讨人工智能对教学和学习的影响，包括如何借助这一技术帮助学生更好地探索世界。

第5章 与学生一起探索世界

调查 investigate	询问 inquire	检查 examine	浏览 look into
研究 research	视察 inspect	学习 study	搜寻 search

如果你曾带领学生进行实地考察、播放过展示世界新角落的视频片段，或邀请嘉宾（无论是亲自到场还是通过网络）到班级交流，那么你一定深知分享新体验对学生理解周围世界的积极影响。除了组织这些活动外，我们还致力于帮助学生培养利用数字工具探索世界的能力。在线空间为我们提供了多样化的探索途径：一些人通过搜索引擎深入研究，一个初始问题往往会引出更多探究；另一些人则通过聊天机器人输入问题或提示，并如获至宝般得到答案。

在第1章中，我们探讨了帮助学生高效导航在线空间的重要性。本章将进一步超越导航层面，深入思考如何利用在线工具拓展学生的全球视野。我们将重点研究技术在探索不同地方时所发挥的作用，以及它如何促进学生同理心的培养、激发学生的好奇心与探究意识，并帮助他们对人、地、物之间的关系进行深入的批判性思考。

为何这至关重要

为学生提供探索世界的机会，能够显著提升他们的学习兴趣和参与度。根据《大西洋月刊》上斯科特·巴里·考夫曼（Scott Barry Kaufman）发表的关于课堂好奇心的研究综述，“好奇心不仅有助于学生取得高成就，还能促进学生过上更充实的生活，这一点怎么强调都不为过”。考夫曼进一步界定了什么是能激发课堂活力的优质教学活动，即“那些提供新颖性、惊喜和复杂性的学习情境，赋予学生充分自主性和选择权，并鼓励学生主动提出问题和质疑并挑战假设”。

当学生利用数字工具探索世界时，他们不仅能获取新地域的事实信息，更能通过文化、地理和独特经历深入地理解他人。尽管实地旅行和面对面交流是理想的方式，但在线体验同样可以突破地域限制，帮助学生了解他们所在城镇或城市（生活圈中）可能永远遇不到的群体的生活。

如果你熟悉美国国家教育协会（ASCD）提出的“全人教育发展倡议”，你会发现其基本原则中的“主动参与”指标强调将学生的学习置于有助于他们探索和更好地理解世界的环境中。该指标明确指出：“我们的教师运用一系列探究式、体验式的学习任务和活动，帮助所有学生加深对所学内容及其意义的理解。”

此外，国际教育协会（ISTE）学生标准也强调了培养全球合作者的重要性。指标1.7.d表示：“学生应探索本地和全球问题，并使用协作技术与他人合作，研究解决方案。”

通过有意识地应用教育技术，学生可以获得更多的途径来了解周围的世界，增强人际联系，并研究自己所在社区及遥远的其他社区所面临的现实问题。

探索世界以更好地理解它

如果我们要真正致力于帮助学生更好地理解他们周围的世界，仅通过教科书学习新地域的知识是远远不够的。如果策略得当，数字工具可以为学生提供沉浸式学习体验。这些体验不仅可以呈现新的信息，尊重学生的问题，回应他们的质疑，还能激发他们的好奇心，更能帮助他们全面地建立起对那些与他们的生活方式不同的人们的生存状态和生活经验的认知。

在第1章中，我们提到："我们不知道自己不知道什么。"这一观察适用于所有年龄段的学习者，你可能也经历过许多类似的认知时刻。除了引导学生接触新思想、新人物与新地域外，帮助他们培养探索世界的能力至关重要。得益于现代技术突破，学生能够更便捷地接触新的地方，实现这一教育目标已具备前所未有的可行性。

培养同理心

同理心是指通过设身处地为他人着想，从他人的视角看待情况，从而理解他人的经验和观点的能力。要与他人产生共鸣，学生们需要深入了解世界其他地方的生活状况，倾听那些生活经历与自己截然不同的人的声音，并知道如何获取更多关于某人背景和观点的信息。

那么，技术在其中扮演着怎样的角色呢？数字工具帮助学生获取信息、建立联系，并通过反思记录自己的成长。所有这些实践都有助于学生带着明确的目的去了解新事物。让我们探讨一些在学年中利用技术帮助学生培养同理心的方法：

获取信息：学生们可以通过多种不同的方式了解另一个人的生活。他们可以收听某人在播客中分享自己对时事的看法，阅读在线杂志中的访谈，或者观看某人的视频问答实录。如今，学生们似乎可以无限制地接触到世界各地人们的观点和想法。通过聆听、阅读或观看多媒体内容这些被动体验，学生们在了解他人生活时能够获得巨大的价值。你可以为学生策划这些体验（见第2章），或者为学生提供一些建议，告诉他们可以去哪里进行研究，了解某个人、某个地方或某个问题。你可以创建一个在线资源集，整理学生可以探索的链接，以了解世界上的某个地区。或者，你也可以在视频平台上创建一个视频播放列表，收集包括来自世界各地的专家对某个主题的访谈。

例如，如果你正在给初中生上有关生物多样性的课程，你可以找到居住在亚马孙雨林附近社区的人们开启一场访谈，让他们讲述一下森林砍伐如何影响他们的生活。这些访谈提供了第一手的生活经验，能够有效地补充你与学生关于该生态系统中动植物所受影响的讨论。

联系：除了帮助学生获取信息以进行更被动的学习体验之外，我们现在还拥有前所未有的能力，能够让学生直接与能够讲述个人经历的人建立联系，促成跨文化的人际交往。促进与他人建立联系的想法并不是新鲜事，也不是仅受限于技术友好型环境。回想一下，在过去技术不发达的年代，我们写信与笔友建立联系。尽管如此，技术带来的附加价值是多个方面的，不仅使得这些人际关系的往来更为便捷、联系更为高频，而且还能更高效地整合资源，从而给学生提供更多的支持性资源补充，让他们有更多的机会更深度地拓展学习体验。

与培养同理心相关的联系为对话、提问和倾听提供了空间。它们可能发生在同步环境中，即两个小组同时登录参与实时对话，也可能发生在异步环境中。这两种选择都有其好处：异步交流在操作上更简单，而实时会议则在参与上更有兴奋感。在异步环境中，一个小组可能会发布一个问题或分享一个回答，然后另一个小组会在稍后回复。另一组可以进行签到并跟进提问或作出回应。这种形式的交流为参与者提供了更多的时间来思考和准备他们的回应，从而可能带来更深入的讨论。无论是同步还是异步，这种联系都能让学生接触到不同的观点和经验，从而丰富他们的学习体验。

例如，想象一下，你正在与特拉华州的一群1年级学生一起学习世界各地的流行美食。他们可能会与日本的一所学校建立联系，发布有关日本学生午餐吃什么的问题，并分享他们每天在学校吃的东西。尽管日本的学生处于另一个时区，他们享用午餐的时候在特拉华州的学生早已进入梦乡，但他们依旧可以发布答案，这样特拉华州的学生第二天一早就可以查看。在本章的后面部分，我们将进一步探讨视频会议以及促进此类对话的策略。

反思：在使用数字工具与学生一

将同理心转化为行动

在《大胆教学：利用教育技术促进社会公益》（*Teach Boldly: Using EdTech for Social Good*）一书中，作者詹妮弗·威廉姆斯（Jennifer Williams）阐述了如何将培养同理心的承诺转化为实际行动："通过运用教育技术推动社会公益，我们可以共同驱动变革。这一领域的努力可以采取多种形式，包括学生发起活动、为各种事业倡导，或作为变革积极分子采取具体行动。"

互动式日记工具

互动式日记是一种你可以与学生一起探索的实践。他们可以定期参与日记写作，每周写1—2次的新内容。在寻找互动式工具时，请留意以下功能：

- 在页面添加语音记录。
- 简单的视频录制。
- 语音转文字功能。

起探索世界时，培养同理心可能是你的首要目标。尽管这些学习体验在当时可能很有意义，但鼓励学生反思并思考他们的新收获可以使影响更为持久。当你留出时间让学生反思时，他们可以退一步思考，或许他们可以将对某次学习经历的感受都捕捉下来，在日记中记录自己的成长。你也可以给学生设计一个反思性日记的教学活动，要求采用数字形式，让学生录制视频或音频来描述他们的学习体验。你可以使用如下提示：

- 这次互动中什么让你感到意外？（哪个环节颠覆了你的预期？）
- 关于这个话题你还想了解什么？（你还有哪些知识盲区？）
- 还有谁可以给你提供关于这个问题的不同观点？（你还想加入哪些群体的补充视角？）
- 这次对话是否证实或挑战了你对这个主题的看法？

社会情感学习的作用

当学生利用教育科技探索世界时，你可能会决定将其与社会情感学习（SEL）目标相结合。如果你对社会情感学习领域不太熟悉，可先看看学术、社会和情感学习合作组织（CASEL）给出的官方定义：所有青少年和成年人都通过这一过程获得并应用知识、技能和态度，以发展健康的自我认同，管理情绪，实现个人和集体目标，同理心培育（感受并展现对他人的同理心），支持型关系的建立和维系，并做出负责任且有爱心的决定。

CASEL的框架包含5项核心能力：自我意识、自我管理、社会意识、人际关系技能和责任型决策（做负责任的决定）。

需要特别指出的是，基于探索导向的教育技术应用并不能自发转化为社会情感学习核心能力的培育。然而，社会情感学习的目标体系可以为教学活动的设计提供方向性指引，特别在你为学生设计在线互动环节的时候具有重要的参考价值。

例如，在小学课堂上，教师可组织学生共读现实主义文学作品，并借助某些艺术与文化平台提供的沉浸式全景技术找到相关资源，围绕书中提到的场景开展互动式的“漫步”，让学生更加深入地把握对内容的理解。在中学课堂上，学生们可以使用图形组织器创建一个互动式的维恩图，展示他们的生活与世界另一端的人们的生活有哪些相同点和不同点。他们可以添加链接、语音笔记和运用其他功能，使图形组织器具有互动性。在高中课堂上，学生们可能会向几个时区之外的国家的学生提出一些问题。他们可以通过视频会议平台进行在线会议，向远方的“同学”就大学申请经验和未来职业发展规划等重要决策询问建议。

教学中的即时探索机会

当一个新地方或新位置意外地成为课堂讨论的一部分时，你可以采用教学暂停策略给学生留出短暂的时间（例如，建议时长60秒）来探索该地点的某些方面。以下是一些你可以使用的引导性问题：

- 这个地方距离我们居住的地方有多远？让我们在地图应用上查一下。
- 关于这个地方有哪些鲜为人知的事实？让我们问问聊天机器人。
- 它处于哪个时区？那里的天气怎么样？让我们上网搜索一下。
- 那里的人是否使用多种语言？请通过数字设备自带的语音助手进行查询。
- 这个地方与我们居住的地方有哪些共同点？请构思一个问题并问问聊天机器人，以获取更多信息。

拓展时间：利用人工智能工具创造更多的学习体验

人工智能工具的兴起正在重塑教育工作者的教学规划与实施方式。很多平台都推出了一系列旨在简化任务、激发创造力并提升学生参与度的人工智能工具。这些工具不仅能够帮助教师节省时间，还能为学生打造更加生动和引人入胜的学习体验。从创建支持词汇教学的视觉材料到生成为历史课定调的音乐，这些工具提供了广泛的应用场景。接下来，我们将深入探讨这些人工智能工具的价值及其在课堂教学中的应用。

- 用人工智能音乐生成工具制作短片段：生成为课程定调或重现历史时期的音乐。利用此工具为学生打造沉浸式体验，无论你是在讲授喧嚣的20世纪20年代还是当代文化运动。社会研究或文学或许是显而易见的选择，但有了人工智能工具的赋能，你甚至可以为科学或数学主题创作音乐。例如，你可以编写一个提示来生成一段关于天气系统的音乐片段，然后让学生反馈如何调整该提示以获得更适配短片的音乐内容。

- 用融合食谱生成器制作食谱：在众多人工智能工具中，这可能是清单上最有趣的一个。你可以借助这类工具以食物为媒介探索两种文化之间的联系来培养批判性思维。去年我在伊利诺伊州的一次主题演讲中分享了这个工具，并提醒大家并非所有的人工智能工具都能带来意想不到的结果。使用此工具时，教育工作者需要提供一些限制条件，比如选择餐食类型、两个不同的国家，并添加所需的食材（如果你愿意的话），它就会生成一份食谱。此外，还会附带一张人工智能生成的图片。你可以让学生思考该工具所揭示的文化相似性和差异性，以此作为更深入讨论的起点。

- 1分钟指南：与“语音导览”类似，你可以将“1分钟指南”作为学生写作项目的范例。让学生就他们所学的主题创作自己的简明指南，展示他们综合信息的能力。他们可以使用播客工具，录制一段模仿“1分钟指南”的对话。

- 用人工智能播客生成器做读书分享：现在有很多能把图书和论文变成有声书或对话音频的人工智能工具。你可以在班级资源宝库里打造一个专门的“书籍”板块，提供人工智能生成的对话，概括公共领域中新出现的领域以及对应书目。然后你可以与学生分享这些概要，以激发他们对经典文学的兴趣，或者用它来快速概览一本书，然后再与班级进行更深入的探讨。
- 利用人工智能播客生成器开启对话：上述实例还有一个进阶版用法，可让你就所选内容展开对话——不仅限于书籍。使用“生成”工具创建关于特定风土人情主题的自定义音频对话。上传资源、预览音频，并将其作为课堂讨论的切入点。就像在与学生分享视频之前先观看一样，你需要先预览由人工智能生成的讨论内容，然后再与学生分享。

虚拟现实与增强现实：新兴技术驱动学生探索世界

新兴技术是指尚未充分发挥其潜力或未被广泛采用的技术。虚拟现实（VR）和增强现实（AR）是其中的典型代表。尽管虚拟现实和增强现实工具已经存在了一段时间，你可能已经体验过其中一种或两种，但这两种技术在教育领域的应用率仍然较低，你可能在个别教育机构看到过有人尝试使用，但是在整个教育界尚未普及。

在课堂教学场景中，新兴技术的附加价值是什么？答案实际上取决于你所选用的技术类型与你设定的教学目标的契合程度。对学生而言，这些技术的应用效果会因使用方式的不同而有所差异。因此，确定你将新技术引入学习环境的意图是至关重要的。

在众多让学生探索世界的方式中，虚拟现实和增强现实位居前列。这两种技术不仅帮助学生了解新的地方及世界各地人们的生活，还能作为“虚拟传送”工具，将学生带入新的空间，让他们直观感受从未去过的地方的规模，建立与其他来源内容的联系，并激发他们进一步探究的好奇心。

尽管增强现实和虚拟现实可以实现一些常用技术的相同目标，但它们在潜在用途方面存在显著差异。增强现实是在现实世界的体验之上叠加数字元素；而虚拟现实则完全让用户沉浸于一个数字化环境中，重新构建用户对物理空间的感知。这两种技术都能为那些无法亲临现场的学生模拟真实的物理体验。

这些技术能否替代“真实体验”？尽管在某些情况下，如通过增强现实技术让学生体验解剖青蛙可能比在教室里进行实际操作更可取，但在可行的情况下，增强现实和虚拟现实不应

拿来即用的虚拟现实讨论提示语

根据你为学生设计的内容和学习体验来调整这些讨论提示。

观察：

- 你看到了什么？
- 你听到了什么？
- 这里是白天还是夜晚？

思考：

- 你觉得这个地方的天气怎么样？
- 你认为是谁捕捉到了这个瞬间？
- 这个镜头可能缺少了什么细节？
- 你觉得这里有什么气味？
- 白天/夜晚这里会是怎样的？

培养同理心：

- 生活在这个地方会是什么感觉？
- 你看到的与你生活过的地方有什么相似之处或不同之处？
- 你想去这个地方吗？为什么想/不想？
- 我们现在离这个地方有多远？
- 我们到达这个地方需要多长时间？

该取代真实体验。这类技术的价值在于为学生提供原本无法获得的体验。例如，如果学生正在学习古希腊历史但无法前往帕特农神庙，他们可以通过访问网站获取360度全景图来探索这一地点。此外，他们还可以观看博物馆讲解员用360度相机拍摄并上传至视频网站的视频导览。对于学习太阳系的学生，他们可以使用带有增强现实标记的沉浸式教具，“手持”土星模型，旋转并点击交互功能键以获取更多信息。这种交互式的学习体验（将数字3D对象以全息图的形式呈现在用户手中）远远超过研读教科书上的描述。

在我的《教学任务优先于应用程序》一书中，我探讨了包括虚拟现实在内的数字工具如何激发讨论并促使学生质疑周围世界，促进其批判性思维的养成。虽然这本书于2018年面世，这期间技术持续发展，但我的教育初衷始终不变。以下是摘录：

> 在审慎整合技术的过程中，我们致力于利用数字工具将过去的教育实践佳例提升到新的水平。我们希望在此基础上进一步发展，使学生成为探索者和求知者。当学生开展自主探究或者在我们的引导下对事物进行深入研究时，我们可以帮助他们将平板电脑、智能手机和电脑视作通向整个创新型难题解决真实世界问题的门户：VR学习体验抛出问题，网络搜索工具将答案带到指尖，视频资料展示在课堂上学到的技能如何在现实世界中应用。

虚拟现实乍看之下可能显得花哨和噱头十足，尤其是看到戴着头戴设备的人在客厅里尝试新游戏时撞到墙的热门视频。然而，在教育环境中，教育工作者有机会有意识地将虚拟现实的体验融入教学，从而改变学生看待世界的方式。将这些体验锚定在明确的教学目的上并设定学习目标是开始的最佳方式。

你可以将我们在第2章中探讨的资源整理策略应用于将新兴技术融入教学的决策中。在选择与学生分享的虚拟现实或增强现实资源时，你可以问自己以下3个问题：

- 这些资源能否为学生提供背景信息？
- 这种学习体验如何能让所教的内容更令人难忘？
- 我们如何设计后续研讨环节并通过讨论持续跟进这次学习经历？

视频会议：连接与协作的新途径

随着2020年年初远程学习的普及，视频会议技术的应用变得更为便捷，各年龄段的儿童和成年人均积累了丰富的使用经验。视频会议通过实时视频和音频连接两个或多个参与者，并通常提供聊天功能，使参与者能够共享链接或发送文本消息。视频会议与网络研讨会不同。网络研讨会通常具有特定主题且多个参与者同时观看，体验较为被动且不那么个性化；而视频会议则为个人或团体提供了互动交流、面谈以及信息分享的机会，例如项目更新或共同目标的进展情况。

视频会议不仅促进了课堂内外的沟通，还帮助学生借助数字工具探索世界并从他人那里学习。通过“传送”到另一个教室、与主题专家联系或与无法亲临课堂但邻近的人讨论特定话题，学生可以拓展视野并获得更丰富的学习体验。正如学生可以使用电影制作工具创建多样化的作品（如数学教程或图书预告片），视频会议平台同样能够帮助实现多种教学目标。

视频会议是促进课堂或学校社区之外联系的重要方式。国际教育技术协会（ISTE）学生标准指标1.7.a强调了全球联系的重要性，指出："学生应使用数字工具与来自不同背景和文化的学习者建立联系，并以增进相互理解和学习的方式进行互动。"当学生通过视频会议与世界各地的学习者和专家建立联系时，他们正在利用数字工具进行有意义的探索和交流。

成功举办视频会议的注意事项

在第12章中，我们将进一步探讨如何规划使用诸如视频会议之类的技术，以应对学年中某些特殊情况下（如因恶劣天气导致学校关闭）学生需要在教室外接受教学指导的需求。现在让我们来看看当以探索为主要教学目标时，成功举办视频会议的一些基本注意事项。

锚定教学目标：在教学场域，你举办视频会议的主要目的是帮助学生更好地了解世界。然而，为了实现更具体的目标，你可以进一步细化这一总体目标。例如，你可能希望小学的学生能够"虚拟参观"隔着几个州之外的一家博物馆，体验有关1965年《投票权法案》的特别展览。他们可以与博物馆的讲解员进行视频会议，讲解员使用像平板电脑这样的移动设备带他们实时参观展览，并和学生一起讨论本次展出的文物。

寻找合适的合作对象：你如何找到一位客座专家或一个班级来开展视频会议？首先可以从你熟悉的人脉开始。要知道，其中包括你以前的同事或校友、家长朋友，或者你所在学校曾合作过的机构。然后扩大范围，你联系社区成员或者通过在线搜索找到的内容领域专家。例如，在营养单元教学期间，你可以在社交媒体平台上关注当地的美食博主，挑选出一位对当地饮食文化最有独特见解的，邀请他/她与你的班级交流健康饮食选择。你发一条简短的信息给他们，询问他们是否愿意让你和学生占用他们大概20分钟的时间，这种轻量级“专业探究”的学术邀约，一定会给你的学生和该领域专家带来难忘的回忆，这一定是一场精彩纷呈的在线知识干货分享，而且这种做法也无需你额外承担出行的差旅费。

为学生成功做好准备：问问自己，怎么做才能让这次视频会议体验大获成功？答案可能因班级而异，但除了基本的稳定网络连接要求外，你可能会认为成功的体验包括学生做到以下几点：

- 提出问题的能力得以提高。
- 与职业建立起联系，对待不同职业有基本的认知。
- 可以轮流发言，并与同学开展协作式对话。

帮助嘉宾提前做好准备：向你的视频会议嘉宾发送清晰的指示和期望。尽管他们可能已经熟悉视频会议，但明确的指导仍然有助于确保体验顺利进行。例如，你可以事先说明学生将会如何参与到本次的交流中，以及你希望他们提出哪些类型的问题。了解这些基本信息后，你的嘉宾就能事先做好准备，提供最有益的体验。他们可能有与同事使用视频会议平台进行交流的经历，但与一群学生进行虚拟互动对他们来说可能是新鲜事。这些说明可能包括一些提示，比如再次检查背景空间以确认其是否适合儿童/青少年观看，在旁边准备好一副耳机以确保音频清晰。

隐藏式字幕（Closed Captioning，CC）

很多视频会议工具具备内置的实时字幕功能。该功能不仅为有听力障碍的学生提供必要的辅助支持，同时也能在嘈杂的学习环境中显著提升信息传递的清晰度和准确性。

异步连接：尽管我们通常认为视频会议是同步或实时的活动，但学生也可以在异步环境中向嘉宾提问并获得回答。例如，你可以让学生在一周内通过使用视频日志录制工具或在协作空间中添加问题，对嘉宾进行针对性的提问。然后嘉宾可以录制对这些问题的回答，学生根据自己的学习安排，弹性地在自己空闲的时候观看这些应答视频。

聊天机器人和虚拟实地考察

聊天机器人可以帮助你收集虚拟实地考察的想法。以下是一些自定义提示：

- 我的[年级]学生正在学习[主题]。我可以联系哪些类型的专家让他们进行采访?
- 我正在教[年级]学生关于[主题]的知识。我们的目标是[目标]。有哪些意想不到的地方可以让我们了解与这个主题相关的内容?
- 列出学生可以探索的与[目标]和[学生兴趣]相关的5个虚拟实地考察地点。

虚拟实地考察与激发学生好奇心

为学生提供探索世界的机会能够有效激发他们的好奇心。作为纽约市的一名基础教育从业者，我深感实地考察对学生学习的重要性。每年，我们都会组织多次实地考察的研学活动，目的地涵盖从无畏号海空博物馆、美国自然历史博物馆到南街海港博物馆和现代艺术博物馆等众多知名地点。

在这么多次研学旅程中，至今让我难以忘怀的是带着5年级班级实地考察美国中央公园动物园，那一年我们在教室里启动了堆肥项目。当我们进入一个展示热带雨林植物和动物的展厅时，一名学生对我说：“这气味就和我们教室里的堆肥箱发出的味道一样！”她完全说对了；展厅内的湿度和新鲜土壤的气味确实与我们的堆肥箱相似。尽管我们可以通过虚拟方式参观加利福尼亚的一家农场或观看工业堆肥过程的360度全景视频，但这次亲身实地考察无疑给学生们留下了深刻印象。

为学生提供探索世界的体验具有独特的教育价值，然而，由于时间、资金和组织工作的限制，并非所有地方都适合实地考察。虚拟实地考察可以弥补这些不足，让学生能够探索那些无法亲自前往的地方。虚拟实地考察为学生提供了无限的可能性，让他们能够以更广泛的方式探索世界。实际上不可能带他们去与课程内容或他们的兴趣相关的每一个地方。通过虚拟实地考察，学生可以参观世界各地的博物馆、历史遗迹、自然保护区等，甚至可以与专家进行互动。这不仅能够激发学生的好奇心，还能培养他们的研究能力和批判性思维。

虚拟实地考察的形式多样，其核心理念很简单，即给学生一个机会去了解和探索他们无法亲自前往或未曾去过的地方，包括但不限于：

- 虚拟现实体验：学生佩戴头戴式设备，从不同角度观察新地方。
- 为学生创建一个多媒体播放列表：让学生通过观看视频片段，帮助他们了解某个地方。

例如，在小学课堂上，你可以在学生的平板电脑或交互式白板上打开一张池塘的全景图片。当讨论青蛙的生命周期时，学生可以看到池塘的颜色并想象蝌蚪在水下游动的情景。在中学课堂上，你可以带领学生研究镶嵌图案，并给他们发送巴黎卢浮宫金字塔外部的互动式步行游览链接。他们可以在卢浮宫金字塔周围移动光标或操纵杆，观察镶嵌图案是如何构成这座巨大建筑的。在高中课堂上，学生可以使用虚拟现实头戴设备漫步大峡谷或纪念碑谷，观察不同类型的岩石，理解这些空间的规模，并将其与社会科学课程中的新政公共工程研究（公共工程振兴署）单元或地球科学课上的地质学单元联系起来。

这些探索的目的可以涉及多个方面。你可能希望学生提出与即将到来的研究项目相关的进一步探究问题，或者希望他们写日记并反思新学到的知识及其与遗留问题或未解之谜的联系。记录他们的思考可以帮助学生将问题延伸到生活的其他方面，并使他们成为更有洞察力的内容消费者。

以这种方式提问或对某事感到好奇并非自然而然地发生在每个学生身上。这并不意味着他们没有能力提问或缺乏好奇心，而是他们可能不习惯大声表达自己的疑惑。如果学生在特定环境中感到不自在或不安全，他们也可能不愿意分享。因此，为各个年龄段的学生创造一个开放且不带评判的空间，重视问题——哪怕是没有答案的问题——这一点至关重要。

探索作为一种基本实践的理念与课堂上好奇心的重要性相辅相成。为学生树立这种体验的榜样，你可以通过一系列出声思考过程来实现，例如：

- 我想知道……
- 假如……会怎样？
- 我注意到……
- 是否有可能……
- 我们可以参观……吗？
- 关于……我们可以找谁谈谈？
- 我们可以去哪里了解更多关于……的信息？

本章思考

与学生一起探索世界可以有多种形式，并且能够达成多种目的。无论你是想构建内容知识，还是帮助学生建立跨学科联系，可能性都是无穷无尽的。

在接下来的几章中，我们将探讨学生如何通过合作、创造和分享来丰富他们的学习体验。当学生们借助数字工具探索世界时，他们可以写一篇或录制一篇日志，制作一段视频游记，甚至设计一幅拼贴画，将他们对某个特定地方的理解和感受融入其中。只要运用得当，教育技术能够为任何年级和学科的学生打开通往更广阔世界的大门。

第 **6** 章

跨数字空间协作

携手合作 work together	协同 cooperate	联合 combine	结成团队 team up
与……合作 partner with	齐心协力 join forces		

合作学习并非只在配置大量笔记本电脑的教室或学生能够使用平板电脑的学校才存在。事实上，即使在缺乏技术支持的情况下，学生们也经常开展丰富的协作学习活动，例如他们一起通过使用彩纸和蜡笔进行创作，或者利用积木搭建模型和原型。不同年龄段的学生都会以团队或小组的形式共同完成任务，他们可能并肩坐在地毯上或围坐在课桌旁与同学一起合作。早在交互式白板和平板电脑出现之前，学生们就已经通过共同探讨彼此的想法、相互提问和向同伴提供反馈等方式，完成诸多协作型学习任务。

认识到线下合作学习和学习体验固然重要，但为了跟紧时代的发展步伐，学生们也需要掌握如何在数字环境中开展协作，因而培养学生的数字化协作能力迫在眉睫。

合作学习中的学生通常有着明确的任务导向。例如，在自主探究学习项目中，他们可能会寻求同学的反馈；在解答教科书上的数学问题时，他们可能会向同伴求助；面对一段难以理解的视频时，他们可能会针对自己看不懂或一知半解的地方提出澄清性质询；甚至他们会在网上搜索教程来获取帮助。此外，他们还可能需要来自参与类似学习活动的同学的建议和支持。因此，协作不仅仅是共享实体或虚拟空间，而是在课堂上营造一种支持、信任和理解的氛围，这种氛围在技术丰富的环境中更容易营造。在技术友好型课堂上，协作学习可以呈现出多种形式。例如，在面对面的学习环境中，学生们可以并肩而坐，共享屏幕，共同头脑风暴并得到一个共识性方案，他们还可以合作制作一期播客。同时，协作学习也可以通过异步异地登录在线平台实现，学生在一天的不同时间或从不同地点进行线上互动，共同完成跨时空协作学习。构建适合技术使用的协作学习模式取决于多种因素，包括学生当前在数字空间中的导航方式、主要的教学场所和知识的交付场景，以及他们与同学进行线上互动时所需要的支持等。

为何这至关重要

在第5章中，我们探讨了社会情感学习（SEL）与通过探索建立理解和同理心之间的联系。重新审视CASEL框架（自我意识、自我管理、社会意识、人际关系技能和责任型决策），你会发现它与协作学习环境之间存在显著关联，尤其是在人际交往能力维度。即使你所在的学校或学区尚未将社会情感学习纳入办学宗旨，身为教育工作者，你一定有机会在美国州立或美国国家教育标准中看到过关于协作学习和对学生期望的具体表述。

更值得关注的是，团队协作在日渐复杂多变的日常生活中尤为重要。艾米丽·斯通（Emily Stone）在其文章《协作日益重要的背后科学》（*The Science Behind the Growing Importance of Collaboration*）中详细介绍了美国西北大学凯洛格创新与创业倡议（KIEI）学术主任本杰明·F.琼斯（Benjamin F. Jones）的研究成果。该研究表明，在知识体系日趋专业化的背景下，协作在生活领域的方方面面都变得越发重要。简而言之，由于个体对某一特定领域具备精深专长，他们需要与其他拥有不同专业知识的人进行合作，以制定全面的解决方案或进行跨学科协作共同完成任务。

你可能会认为："我的1年级（6年级或11年级）学生目前还不是某个专业领域的专家，尚未具备专业领域的知识体系。"然而，从小培养学生的协作能力，能够帮助他们在任何年龄段提升与同伴共同实现目标的能力。为了支持这一过程，我们将探讨不同的协作学习模式、同伴互评机制在课堂中的作用，以及如何将富有成效的在线讨论融入各学科领域。

协作学习模式

在《教学任务先于应用程序》一书中，我专门用了一章探讨协作，并介绍了3种技术支持型协作学习模式：远程协作学习、角色分工协作学习和共享屏幕协作学习。在本书中，我们将进一步探讨两种新的协作学习体验——同步协作学习和异步协作学习。这两种协作形式既可以在传统面对面的实体教学环境课堂下进行，也可以融入混合式学习，成为其中的一部分，或在学生一天中的不同时间点检查项目或任务时实施。首先，我们来介绍前3种协作模式：远程协作学习、角色分工协作学习和共享屏幕协作学习。

远程协作学习

在远程协作学习模式中，学生各自使用终端设备为一个共同的创作贡献内容。例如，学生可以打开多人协作链接制作演示文稿，并从各自的笔记本电脑登录上去，将自己要贡献的内容添加到幻灯片中。学生可以在同一时间或不同时间段为幻灯片添加内容，他们既可以继续完善同学的想法，也可以在共同完成任务时实时聊天，或者留下笔记和评论。

角色分工协作学习

在角色分工协作学习中，学生们各自使用个人设备完成小组项目的指定任务。例如，在完成制作公共服务公告的小组任务时，一名学生扮演素材收集员的角色，可能负责在网站上查找图片；另一名学生扮演社区调研员的角色，可能采访社区成员；还有一名学生扮演内容梳理员的角色，可能根据大家收集到的资料制作故事板。通过数字平台，每个学生分别承担特定的职能任务，最终整合到一起，共同完成项目。

共享屏幕协作学习

在共享屏幕协作学习中，学生们两人一组使用一台设备共同完成任务。例如，两名学生可能使用一台平板电脑在社区漫步时完成摄影，然后并肩而坐，就如何进行视频编辑达成共识，然后使用视频编辑工具录制他们的声音，并为幻灯片添加旁白，完成声画合成。

值得注意的是，共享屏幕协作并非仅限于设备数量有限的学校。即便是全体学生人手一台平板电脑，但为这些学生上课时，我也会刻意设计共享设备的环节，让学生共用一台设备。这样做的好处是多方面的。通过共享屏幕，无形中给学生创造了很多交流的机会，在交流过程中他们妥协、分享、捍卫自己的观点以及评估他人的立场和论点。各个年龄段的学生都可以通过共享屏幕参与此类对话，从而培养批判性思维能力。

这3种协作学习模式都要求学生朝着共同的目标努力。尽管任务和互动方式有所不同，但它们都利用数字工具的力量为学生提供协作学习体验。三者的区别在于它们所处的环境类型。共享屏幕协作是在同一时间和空间内进行的；相比之下，远程协作学习和角色分工协作学习则适用于同步和异步的学习环境。

同步协作学习与异步协作学习

无论学生是并肩而坐，还是在不同时间和地点进行工作检查，同步协作与异步协作均能有效实施。这两种协作模式既适用于传统课堂环境，也适用于远程和混合学习场景。

同步协作：在同步协作学习环境中，学生在同一时间参与活动。当学生同时协作时，他们可以即时获得来自教师或同学的反馈，并实时监控自己及同伴的进度。同步协作学习对各年级学生均有显著益处。例如，高中或初中学生可以在共享物理空间中共同编辑文档，或者在学区级校级项目中，他们通过实时视频通话向其他地方的小组成员汇报项目进展。小学阶段的学生则可能参与由教师主持的全班讨论，或在小组内交流最新进展、分享成就。

协作学习空间的构建

教育工作者兼教育技术专家拉谢尔·丹妮·波斯（Rachelle Dené Poth）强调了为学生创造协作学习空间的重要性。她指出："在每个学年伊始，教育工作者可以通过破冰活动和课堂互动，增进对学生的了解，并帮助学生相互认识、建立联系。"波斯详细描述了教师如何将数字工具与实践性活动相结合，以促进有效的协作学习。

此外，在《轻松教育技术》的一期播客中，拉谢尔分享了一系列有助于学生反思其在数字环境中互动方式的活动。通过这些活动，学生能够更好地理解并改进自己的在线交流行为。

给学生的在线反馈小贴士

- 提交前重读你的评论，确保语气清晰（或使用语音录制）。
- 提供一个行动建议或问题，帮助同学思考下一步。
- 设身处地为同学着想，判断这条评论是否有帮助且富有成效。
- 在评论中加入表情符号，比如点赞或笑脸，以示你的支持。

需注意的是，在远程和混合式学习环境中，由于学生通常自行安排时间或按个人节奏学习，同步协作可能会受到一定限制。在这种情况下，为无法按时参与的学生提供灵活度和理解至关重要。教师需要在这两种协作模式之间找到平衡，以确保所有学生都能有效参与。

异步协作：在异步学习环境中，学生根据大致的时间表或时间线，在不同时间段完成任务。例如，教师可以发布一系列视频或文章供学生阅读和讨论。学生需在设定的时间范围内查看内容，但不必在特定时间点完成。学生可以根据教师设定的任务要求，在一天中的某个时段或一周中的某天参与学习。

异步协作学习常见于混合式学习环境中，学生在此过程中承担更多自主学习的责任，并常常在小组支持下工作。有一些很常见的形式，包括站点轮流模式（每个学习站配备不同类型的学习任务资料包）、文学研习圈（根据学生不同的阅读进度打造的分层讨论）或读书俱乐部，以及由学生或教师组建的学习小组。异步协作允许学生根据个人时间表灵活安排学习，同时满足团队期望。这为学生提供了同步提升时间管理能力和项目管理技能的机会，因为他们会在教师、教练或顾问的指导下制定和调整计划。

在第12章“规划技术丰富型学习体验”中，我们将从教育工作者的角度探讨这些协作学习模式的具体应用，并分析如何通过团队合作规划教学和干预措施，以提升学生的学习效果。

同伴互评机制

在数字学习环境中，学生可以通过多种方式给予和接收反馈。在共享屏幕协作中，学生们可以并肩而坐，实时查看对方的工作并提供支持；此外，他们还可以通过同步或异步登录同一平台与同学互动，进行反馈交流。例如，来自不同时区的两所学校的两名9年级学生可以通过视频会议共同审查彼此的科学研究，并提出改进建议；或者，一名3年级的学生可以在阅读小组活动中打开互动日志，聆听同学留下的语音评论。

学生反馈是数字空间中协作的重要组成部分。有效的同伴反馈不仅促进了知识的深化，还培养了学生的批判性思维和沟通能力。第8章将从教师的角度探讨如何使用数字工具进行评估和反馈，以检查学生的理解情况。学生应具备在在线环境及面对面交流中给予、接收并根据反馈采取行动的能力。

接下来，我们将详细探讨学生在数字空间中给予和处理反馈的具体形式，包括如何有效提供反馈以及如何基于收到的反馈进行改进。

提供反馈

学生在多种活动中可以相互提供反馈。通过建立规范并回顾有用的反馈示例，教育工作者可以帮助学生更好地掌握反馈技巧。我建议你引入一个全年持续使用的系统，如“亮点与改进”（亮点是对优点的肯定，改进是对需要提升之处的建议）。学生可以参考评分标准中的具体指标，为这两个类别提供有针对性的反馈。此外，你还可以引导学生使用句式开头，如“我注意到有一件事……”或“有一件我很好奇的事是……”。

要知道，同伴反馈这个环节不仅限于数字空间，而是可以在学校全天的任何教学活动过程中进行。基于此，你可以将学生平日里熟悉的线下反馈模式转移到线上空间完成，从而让学生更加熟悉在线上学习环境下为同学提供反馈。对于如何在在线空间中让学生进行同伴反馈环节，你可以参考下述实践示例：

建立评论伙伴机制，找评论“搭子”

在数字空间中，如果没有明确的结构，要确保每个人都能收到同学的反馈是很有挑战性的。为解决这一问题，建议建立评论伙伴机制，即创建由3—4名学生组成的小组，让他们相互评论彼此的作品。这不仅确保了每位学生明确知道应向谁提供反馈，还促进了有组织的互评活动。完成对伙伴作品的评论后，学生可以进一步探索其他同学的作品，拓宽视野并获取更多反馈。

区分社交评论与学术反馈：当学生在同学作品上留下评论时，需要让他们明确区分这种行为与他们在社交媒体上留下评论这两者之间有何不同。尽管我们能理解在社交媒体平台的照片下评论和提供有价值的、可操作的反馈之间的区别，但学生可能会混淆这两种类型的评论。因此，需要指导学生识别两者之间的差异。例如，分享属于“赞美”和“有用”两类的评论示例，帮助学生理解如何提供具体且有价值的反馈。

反馈内容时要足够具体：鼓励学生在评论中具体说明，确保他们给同学留下的反馈清晰简洁。建议学生突出他们所提及的文本行，比如在对应文本行上应用高亮或划线的功能，或者鼓励他们在同学作品的特定项目或元素上放置数字便签。例如，在视频项目中，学生可以提到具体的时间戳[1]，比如“在2分25秒时，你插入了一张很棒的背景图片。你或许想在视频更早的地方加入更多图片，以确保观众了解故事发生的地点”。通过正反举例法，给学生分享具体的和不够具体的评论示例，帮助他们理解哪些评论更具备实际的行动指导意义。

向学生解释如何分享推荐资源：数字空间的优势在于其互动性，推荐可以超越传统的简短评论。学生可以留下带有额外资源的链接的推荐，如分享一个有用的网站或视频链接，或推荐与项目相关的在线资源。示范如何分享推荐资源，例如向全班展示如何向一位正在制作关于濒危物种公益广告的学生推荐资源：“我喜欢你对动物栖息地的描述。我通过这个网络了解动物栖息地的相关资料，我把链接放到下方了，希望对你有所帮助。”

接收和处理数字化反馈

在数字学习环境中，接收反馈的过程与传统非数字反馈有相似之处，但也存在显著差异。学生不再需要在笔记本中翻找散落的便签纸上的反馈，也不再需要浏览同学在论文的空白处留下的批注，而是要在需要特殊导航技能的数字空间中接收反馈。以下是学生接收和处理数字反馈的特有

[1] 时间戳是视频流中用于标记每一帧数据的时间信息，通常用于控制视频的播放顺序和同步。——译者注

的关键步骤：

优先处理行动事项：当学生打开一份包含大量评论的文档时，你要建议他们先一次性查看所有反馈，然后再采取行动。在全面审查反馈后，学生可以制定一个行动计划，以确定下一步的优先事项。例如，6年级的学生可能会打开她为采访市议员活动而起草的问题大纲，她看到同学留下的多条评论，有的同学建议她将个别问题做一些修改，有的同学建议她添加更多的问题。

一般来说，当学生面对大量评论时，你可以建议他们按以下4个步骤操作：

- 初步筛选：阅读所有评论，并删除那些不具建设性或无关紧要的评论。
- 优先级排序：确定哪些评论是高优先级的，哪些是低优先级的。
- 澄清疑问：如有必要，就任何需要作出进一步解释的问题，你可以亲自联系评论者，得到更精细的说明。
- 制定行动计划：列出需要处理或采取行动的具体事项。

用回应的方式澄清或表示感谢：如同我们希望确保贴在纸上的便签不会掉落一样，我们也应确保数字反馈不会被忽视。在带有许多评论的文档中得到正确指引需要练习，教师可以通过展示自己的思考过程和具体操作来指导学生。例如，教师可以打开带有评论的文档，让学生观看其在这一空间中的思考过程，演示如何考虑收到的评论以及是否采纳建议，或者提出进一步澄清的需求。此外，教师还可以展示特定工具（如如何处理或删除不再必要或相关的评论）的其他导航步骤。

学生可以通过在评论对话框中回复“谢谢”来认可从同学那里收到的

反馈。他们也可以通过分享基于同学所留评论而采取的具体行动来接受反馈。这种回应不仅表达了感激之情，还为评论者提供了机会，让他们看到自己的反馈如何帮助他人，以及他们为提供反馈所花费的时间是如何被有效利用并受到欢迎的。例如，2年级的学生可能会打开他的校园账户，查看他在一段视频中给花朵各部分标注时收到的评论，并对同学提出的与花朵有关的问题进行回复。这些交流可能在学生之间自然发生，尤其是对于那些在社交空间和在线讨论区中可能已有互动经验的高年级学生来说。然而，由于每个学生接触这类在线互动的经历各不相同，你可能需要安排时间向学生示范这些技能，为他们提供练习在同学作品上留言的机会，并在这个过程中为他们提供明确的指导，确保所有学生都能掌握必要的技能。

用音频和视频反馈的附加价值

在数字化学习环境中，纯文字信息有时难以准确传达情感和语气。例如，你是否曾收到过一条短信，即便发件人是家人或朋友，你也无法确定他们此时的情绪？阅读这样的短信时，你可能难以判断发件人的语气，会疑惑他们是在生气、难过还是开玩笑——即便最有可能的答案是他们正走进超市、在会议间奔波，或者只是第一次尝试手机的语音转文字功能。即便是与我们最亲近的人，纯文字的信息也存在解读困难。同理，学生在收到同学或老师对其作业的纯文字评论时，如果无法确定其语气，可能会产生误解。特别是当学生本身信心不足或正处于压力之下时，他们可能会将纯文字评论误解为严厉或不支持的，即便发评论者的本意恰恰相反。在这种情况下，用音频或视频评论能够更有效地传达意图。

用音频和视频反馈具备很多优势，有助于实现与学生反馈相关的几个

音频和视频反馈工具类型

- 可在协作空间中进行视频回复的应用程序。
- 可在文本文档或幻灯片文件中支持语音评论的插件。
- 支持向共享空间添加语音笔记的数字工具。
- 在线教学管理平台中自带的功能，允许以文本和音频格式对帖子进行评论。

目标。

增强了情感传递：这类反馈方式有助于传达语气和情感。同学和老师用音频和视频的形式提供表达建议、意见或行动事项的同时，传递了自己的用心，学生可以通过声音和表情感受到同学或老师的热情与鼓励，这些要素在纯文字信息中容易丢失。这种类型的反馈不仅能够帮助学生理解具体建议，还能让他们感到被倾听和被支持。

提升了沟通效率：无论是教师给学生反馈，还是学生之间互评，音频或视频的回应通常比纯文字更快捷。对于教师而言，快速提供反馈可以节省时间，从而将更多精力投入到其他重要任务中，比如根据在观察学生同伴反馈循环过程中可能收集到的形成性评估数据来设计支持和干预措施。

富有成效的在线讨论

创造富有成效的在线讨论机会需要精心的策略和周密的规划。一部分学生可能已经熟悉在数字空间中交流，例如使用带有聊天功能的游戏工具；而另一部分学生则可能是首次接触在线交流，在线聊天和交流是他们的知识盲区。技术友好型讨论的目标可以是多方面的，包括建立课堂社区、促进协作以及在课堂内外建立沟通渠道。富有成效的在线讨论的核心在于为学生提供一个互动平台，使他们能够应用所学知识，并围绕共同目标展开合作。

技术友好型讨论的类型

技术友好型讨论利用了数字空间的独特功能，并以传统的面对面交流为基础。它并非传统交流方式的替代品，而是为其增添价值，丰富学生的交流体验。为了让学生在未来不断变化的世界中生存并取得成功，必须培养他们在在线讨论中进行有效交流和合作的能力。不同类型的技术友好型讨论通过多种工具促进协作，尽管它们各有特点，但往往共享某些特征和实施模式。

同步讨论在设定的时间进行，可能包括视频和音频对话以及聊天空间。

异步讨论在设定的时间段内进行，不是实时的，有很强的灵活性。学生可以在任何时间加入讨论或随时退出，并在其他学生的评论基础上进行补充。在线教学管理平台和学习管理系统都属于此类。

基于文本的讨论主要或完全使用文本交流，包括长篇回复（由多个句子或段落组成）和短篇回复（由短语或单个句子组成）。视频会议工具也包含聊天功能，允许在视频通话之外进行基于文本的讨论。这种方式便于记录和回顾，适合需要详细阐述观点的讨论。

基于视频的讨论可以是学生在视频中进行实时对话，也可以是学生提交包含其回复的视频供同学在方便的时间观看。此类讨论会用到能进行实时视频会议的工具和能发布视频的工具。

基于音频的讨论包括学生在实时通话中不使用视频功能，或者学生提交预先录制的音频回复供同学在自己的时间收听。此类讨论会用到实时会议工具和在线音频编辑工具。

在与线上同伴的互动过程中，学生们通常致力于实现一个共同的目标。这些目标可能包括提供反馈、寻求支持或协作完成任务。国际教育技术协会（ISTE）学生标准指标1.7.c“项目团队”特别强调了这一方面的在线协作；该指标指出：“学生应在项目团队中发挥建设性作用，扮演不同的角色并承担不同的责任，以高效达成共同目标。”

确立讨论目标

尽管讨论目标对你而言可能显而易见，但学生可能无法充分理解使用在线空间进行讨论的价值，除非你明确传达过目标。因此，在引入新的讨论平台或邀请学生参与视频会议讨论之前，确立一个清晰的讨论目标至关重要。设定讨论目标的做法不仅适用于技术友好型学习体验；在传统课堂中，无论是小学生围坐在地毯上，或中学生和高中生分成小组讨论向全班提出的问题时，都会明确讨论目标。在数字学习环境中，你应该借鉴传统课堂讨论的优质实践，并向学生清晰传达讨论的具体目标。例如，你可以在视频会议中通过屏幕展示视觉提示来提醒学生本次会议的目标，或在学生自主完成的学习活动中附带详细的目标说明，即使你无法提供实时指导或现场支持，他们也能以目标为导向进行讨论。

例如，在1年级的课堂上，你可以明确告知学生们：“今天在我们的视频通话中，我们的目标是收集同学们对共读书籍看法的反馈，包括了解他们最喜欢或不太喜欢的部分，甚至是仍然存在疑惑的部分。通过此次讨论，希望帮助大家在班级内部建立起阅读推荐网络，让你能找到随时咨询的同学，并且希望你们加深对书中角色的理解。”在10年级的教室里，你可以在讨论论坛上发布指示，提醒学生讨论的目标是分享未来探究项目的构想，并帮助你的同学更深入地探索他们感兴趣的课题。

建立课堂规范与期望

在任何课堂环境中，设定明确的规范和期望对于学生的成功至关重要。作为一名5年级教师，我与学生们共同制定了许多趣味性十足的互动常规，包括用于课堂讨论的规则。其中一个深受学生喜爱的做法是我从我们学校一位杰出的4年级教师那里借鉴而来的：当学生同意发言者的观点时，轻拍自己的头以示认同。这一做法不仅帮助学生运用积极倾听的技巧，还让他们能够清晰地向同学表达自己对某个问题的立场。

为了确保所有学生都能达成共识，并在被要求遵守之前理解每个期望背后的原因，你可以与学生共同制订一份期望清单。以下是几个具体的例子：

- 在讨论论坛中，我们谨慎选择表情符号，每条评论仅限使用1—2个表情符号。
- 在视频会议中，当学生希望取消静音并参与讨论或分享想法时，应举手示意，或通过聊天区域输入内容。
- 在小组视频会议或小组讨论中，学生可以轮流分享想法，并在聊天空间中放置有用的链接。
- 在讨论空间中分享时，学生应添加引导词或使用诸如#问题、#想法、#资源或#提问等标签，以使他们的贡献更加突出并保持条理清晰。

与聊天机器人开展协作学习

根据《韦氏词典》(未注明日期)的定义,“协作”是指“与他人共同工作,尤其是在智力活动中的合作”。在人工智能思维的框架下,我们可以将“他人”的概念扩展到包括从生成式人工智能获得的支持。在第3章和第4章中,我们探讨了人工智能工具如何帮助教育工作者生成教学内容,并强调了帮助培养学生数字空间内容评估能力的教育价值。目前,很多教育工作者可能已经将聊天机器人视为开发学生教学材料的合作伙伴。随着教育数字化转型的深入,学生也需要构建将人工智能技术视为学习协作伙伴的认知框架。

由哈佛商学院法布里齐奥·德拉夸(Fabrizio Dell' Acqua)等人发表的一份工作论文研究了人工智能对知识工作者生产力和工作质量的影响,指出“人工智能的能力创造了一个‘参差不齐的技术前沿’,其中一些任务可以由人工智能轻松完成,而另一些看似难度相当的任务则超出了当前人工智能的能力范围”。这一发现对教育领域具有重要意义。对于某些任务,学生在整个创作过程中渴望得到持续的指导和反馈,生成式人工智能可以提供有力支持。尽管这项技术尚不完美,也并非所有学生都能使用,但在协作学习的背景下,它无疑是一个值得关注和探索的领域。

作为共同学习者和助手的聊天机器人

在教育环境中,聊天机器人可以作为学生的共同学习者和助手。线下和线上辅导并非新鲜事物,学生们长期以来通过与导师合作,促进共同学习体验，复习材料、练习技能并探索新内容。如今，聊天机器人技术已进入个性化学生支持的讨论领域。例如，很多平台都接入了AI大模型，提供专为学校使用而设计的工具，旨在于课堂内外充当教学助手和虚拟导师。这类由人工智能驱动的工具能够在学生解决问题时提示他们逐步思考，并引导他们找到答案。

尽管绝大多数聊天机器人并不符合《儿童在线隐私保护法》（COPPA）的要求，但学生仍可能在家中使用这些工具来支持他们的学习。他们也可能使用具有生成式人工智能组件的学生友好型工具来辅助学习。生成式人工智能可以在设计过程中激发创意和灵感，而不是替代学生的创造性思维——这一议题将在下一章中详细探讨。例如，1年级的学生可以通过讨论并确定一个提示，并提交给图像生成工具，以辅助他们创作与传统写作体验相辅相成的设计作品。教师可以将学生的提示添加到人工智能技术驱动的创意工具中，并与学生分享最终成果。或者，一群高中生可以利用聊天机器人工具生成研究项目的创意清单，并从中选择一个进行深入探究。

随着这一领域的不断发展，教育工作者可能会发现自己与学生共同扮演着共同学习者的角色，同时探索聊天机器人作为助手的应用。尽管国际教育技术协会（ISTE）教师标准2.4“合作者”中的具体指标2.4.b“与学生共同学习”并未明确提及共同学习人工智能，但该指标鼓励教育工作者“与学生合作并共同学习，以发现和使用新的数字资源，并诊断和解决技术问题”。这包括探索聊天机器人作为共同学习者和助手的角色。

本章思考

协作在学生日常互动中发挥着至关重要的作用。学生们可以通过短暂的合作时刻共同追求目标，并借助数字工具的功能为同学提供及时且具有行动性的反馈。在学年伊始建立支持合作学习的明确结构，或在学年中途引入新的程序，都需要如同引入任何新常规一样投入相应的资源和精力。对协作学习的坚定承诺将有助于在整个学年内增强班级社区的凝聚力，因为学生们将在协作中相互支持、共同进步。

第7章 创建多模态学习成果

制造 make	生成 generate	产生 yield	产出 produce
催化 catalyze	导致 result in		

在整个学年中，学生们以多元形式进行创作活动，规模从小到大不等。从高中生为社交媒体帖子编写文案到小学生为插画选取最佳配色，创作的形式五花八门。值得注意的是，学生创作不仅限于社交媒体内容或绘画，他们创造的作品可以广泛覆盖各种作品类型，包括但不限于他们在阅读、聆听和观看过程中接触的各类媒介形式。

本章将系统地探讨人工智能时代背景下，如何在数字学习环境中构建出支持学生创作的体系，并开发出各类配套资源，适用于日常学习成果展示，甚至是适用于更大规模的学生自主探究项目和协作学习项目。

在各类教学场景中，作为教师，我们应该为学生预留充足的创作时间与空间，以促进知识成果的凝练与共享。通过创作实践，学生得以整合信息、在相关情境下灵活地迁移应用所学知识，并与受众分享他们的学习成果。在后面的章节中，我们将深入探讨评估学生作品、展示学生作品以及为他们的学习建立受众的策略。在本章中，我们将重点关注学生如何在数字空间中进行创作，他们的创造潜能如何在技术的加持之下进一步得以开发，教育工作者需要在哪些方面为学生顺利完成创造做好赋能。同时，我们还将深度剖析人工智能对学生创造力的影响，以及如何运用人工智能工具协助教师开发教学辅助资源，如评估量表与示范案例等。

为何这至关重要

当我们讨论课堂上的创造力时，往往首先联想到的是涉及画笔或彩色卡纸的艺术项目。然而，创造力远不止于此，它几乎是贯穿所有教育活动的重要组成部分，并且其应用范畴早已突破了艺术学科的边界。发挥创造力、具备创新性思维，不仅是完成各类解决问题型活动的关键要素，也是学生应用所学知识的核心环节。在技术友好型环境中，学生创作者可以利用数字工具捕捉创意、整合信息，并创建学习成果。在数字空间中掌握创作的能力，成为每个学科领域的必备技能。

在数字空间中学习的学生需要掌握多种媒体形式——音频、文本、视频等——以创建其学习成果。数字媒体不仅包括用于设计幻灯片分享学习内容的演示工具，还包括各类文档处理平台，学生可以在其中创作以文字为主的内容。此外，学生创建数字产品的方式和路径多种多样。我们可以引导学生超越传统的展示或发布方式，融入各种数字元素。例如，在技术友好型课堂环境中，学生可以制作15秒的短视频来记录他们解答代数问题的过程，或者分享从类似于抖音国际版（TikTok）等支持发布时长15至90秒的垂直格式短视频平台上的动物科普短片中获得的关于某种动物的知识。学生还可以仿照《世界真奇妙》（*Wow in the World*）、《脑力全开》（*Brains On!*）等儿童科学播客节目的模式，制作专题访谈音频节目。

肯·罗宾逊爵士（Sir Ken Robinson）在其代表性的TED演讲中指出："如今，创造力在教育中的重要性如同读写能力一样，我们应该给予它同等的地位。"在数字空间中发挥创造力，要求学生运用分析、综合和评估信息等高阶思维技能来创造新的作品。尽管学生对某些主题（如北极熊）的研究可能不会包括前往北极圈进行实地考察，也不会取得突破性的发现，但他们所创建的学习成果——比如依据事实制作的演示文档或采访生态学家的播客——都是他们学习过程中的宝贵产物。这些作品在学生整理信息并创作之前并不存在。尽管多数学生或许不会在未来从事平面设计师或播客制作人的职业，但他们在这类学习活动的实际创作过程中积累的各类技能，具有多种跨情境迁移的可能，在课堂之外他们也能广泛应用这类技能。

> 国际教育技术协会（ISTE）学生标准1.6主要是帮助学生创造性地交流他们的学习成果，其指标1.6.b"原创和混编作品"指出："学生创作原创作品，或负责任地重新利用或混编数字资源以创造新的作品。"

在本章中，我们将探讨学生如何使用各种数字工具以多种方式创建学习成果。随着易于获取的生成式人工智能工具的影响日益凸显，课堂上关于创造力的讨论可能会更加关注这一指标中的“混编作品”方面。

人工智能时代的创造力

计算机、机器人和人工智能是否会取代人类？这一问题在过去的几十年中以多种形式被提出，而随着人工智能技术的迅速普及，这一担忧在教育领域尤为突出。尽管对此话题存在多种观点，但我期待看到人工智能在教育领域的持续影响，无论是在课堂教学还是更广泛的教育实践中。以下内容就如何在课堂上培养创造力提供几个视角。

关于创造力与人工智能的广泛思考

《创造性行为杂志》（*Journal of Creative Behavior*）的研究人员文顿（Vinchon）等人描述了人工智能与创造力的交汇点：“人工智能已被证实在创意过程的某些阶段是有效的辅助工具。然而，人类似乎不会被完全排除在这一过程之外，因为他们承担着做出高阶决策的重任（例如，决定提出哪些问题、如何完善问题、保留文本的哪一部分、更改哪张图片等，最终选择哪种作品）。”研究人员用“协同创造人工智能”（Co-cre-AI-tion）一词来描述一个可能的未来，在这个未来中，人类和生成式人工智能将进

模型提示生成结合图像

为了帮助学生理解提示工程中具体性的重要性，你可以引入人工智能图片生成工具。通过这种方式，你可以与学生分享一张图片，并让他们与搭档合作，尝试推测生成该图片所使用的原始提示。学生们可以共同编写一个与图片相关的提示，然后你再揭示实际使用的原始提示。此外，你还可以让学生为包含语气、场景、主体、客体等要素的图片编写详细的提示，随后使用人工智能工具根据这些提示生成相应的图像。

行平等的协作，其中双方做出的贡献都能获得认可。

支持人工智能强大能力的一个核心论点是它能够自动化和加速完成日常任务。数字化和可持续发展专家詹·比瑟尔（Jan Bieser）在世界经济论坛的一篇文章中指出，“只要不分散注意力，在避免干扰的前提下，释放时间可以说是人工智能对人类创造力的关键贡献”。虽然有了更多用于创造的时间，但是用户仍需要对生成式人工智能工具能完成的任务类型有着基本认知。

在2023年《哈佛商业评论》发表的文章《生成式人工智能如何增强人类创造力》（*How Generative AI Can Augment Human Creativity*）中，伊潘（Eapan）及其同事探讨了生成式人工智能如何对各行业专业人士的创造性过程产生积极影响。他们指出，生成式人工智能能够在我们可能认为不相关的概念之间建立联系，促进发散性思维，并通过生成意想不到的结果挑战专业知识偏见。当专家难以突破传统思维模式时，这些想法可能会涌现出来。除了帮助产生新想法外，生成式人工智能还能优化反馈机制——这是创意过程中的一个重要环节——协助调整方案以满足特定约束条件。目前，采用设计思维流程的创意产业和专业人士正在积极探索生成式人工智能如何重新塑造其工作方式。

关于人工智能对创造力影响的课堂考量

在考虑这些广泛因素的基础上，人工智能在2年级、6年级或11年级的课堂中扮演着怎样的角色？当今学生在未来职场中很可能会以某种形式与人工智能互动，并且作为创作者，他们将越来越多地有机会选择是否以及何时在其作品中使用生成式人工智能工具。以下是3个可以在课堂上引导学生了解人工智能并将其与自身创作者角色相结合的关键领域。（请注意，一些生成式人工智能工具可能适合学生独立使用，而另一些则更适合由教师为学生示范。）

生成和评估想法：向学生展示如何使用提示来生成想法列表，例如“7年级学生可能研究的北极熊相关主题”。与学生分享聊天机器人生成的想法列表，并示范如何评估这些回复。你可以分享自己的思考过程，或者提出以下问题让学生与同伴讨论：

- 这些是高质量的回复吗？你是如何判断的？
- 这个列表缺少什么内容？我是否应该在我的提示中添加某些信息？
- 这些想法是否启发了你产生新的思路？你是如何从一个想法发展到另一个想法的？

编写和改进提示：与学生合作创建有助于生成内容的提示。这些提示可以包括为采访专家准备的问题清单查询、与创意写作项目相辅相成的图像描述，或者与某个概念相关的优缺点清单。你可以示范编写提示的过程，反思输出结果，并改进提示，以便获得预期的结果。

引入更注重庆祝创意过程而非奖励最终成果的课堂常规：例如，你可能已经安排了学生互评的时间，但为了突出创意过程，还可以安排时间让学生与同学分享一次互评中的“亮点”。此外，你还可以让学生通过录制反思视频、拍照或写日记来记录创作过程，这些记录可以成为学生最终作品展示的一部分。

国际教育技术协会（ISTE）教师标准指标2.7.a“提供替代评估

方式”表明了为学生提供多种选择的重要性，其指出：“利用技术为学生提供展示能力并反思学习的多种途径。”

检验理解的方法有很多，下一章将详细阐述形成性评估的策略。

技术增强型学生创作的类型

在课堂环境中使用数字工具为学生提供了多种创作学习成果的选择，包括音频、文本、视觉和多媒体格式。确定最终产品是学生创作过程中的重要环节，教师应在创作活动开始时明确期望、提供范例并分享支持资源。无论创作规模大小，确定受众都是创作过程初期的重要考虑因素。例如，学生可能在对新主题进行数周探索后创作出供全世界观众观看的作品，也可能在单节课结束时创作出与同学分享的小作品以进行小型展示。

学生创作的播客

播客为学生提供了一个表达和分享学习成果的空间。学生可以通过独白录音、访谈或与同学讨论等形式，创作出类似于流行媒介的产品。如果学生对播客不熟悉，教师应向他们介绍这种媒介，并分享多个不同类型的范例，以帮助他们理解其形式和内容。学生可以将写作内容录制为播客，通过朗读自己的作品来呈现，或者用这种媒介替代传统的书面作业。学生播客在课堂上可以实现多种教学目标。教师可以通过这种方式为学生提供更多展示所学知识的机会，或者让他们创作与他们日常消费的媒介相关的产品。学生既可以制作时长仅几分钟的单集播客，也可以将其作为系列播客的一部分；有许多方式可以根据学生的需要定制这种体验。

如何在学习项目中强化社会情感学习技能

教育家米歇尔·海肯博士在我的播客节目里提到4个通过动手项目促进社会情感学习的小贴士：

- 审视你的社会情感学习目标。
- 参考CASEL框架（自我意识、自我管理、社会意识、人际关系技能和责任型决策）。
- 以设计思维来开发学习项目。
- 给学生提供小组协作的机会。

第10章将深入探讨如何将学生作品与受众相连接。

为学生引入数字工具的一个显著优势是，能够将多模态学习体验融入学生的创作过程中。多模态学习通过阅读、写作、录制、构建、绘画等多种方式吸引学生参与。在提供创造机会时，教师可以为学生提供多种分享学习成果的方式。许多数字工具不仅限于单一形式，而是提供了多种创建学习成果的选择。以下是我们可以向学生介绍的各种技术增强型创作类型。

音频创作

音频创作可以采取多种形式。这类学生作品通常依赖于学生的语音表达，通过叙述、对话和解释来呈现内容。音频记录可能包括学生上传到班级学习共享空间的简单语音说明。它也可能涉及一个为期数周的长期项目，在此期间，学生就某一主题采访3位专家，并制作播客以分享这些采访，同时配有先导词和结论。与传统的学生项目类似，音频创作在实施范围和期望成果方面可以有所不同。

音频记录的主要目标是让学生能够谈论自己的想法，分享所学知识，并提供一种仅通过使用这种技术才能实现的独特价值或优势。例如，你可能会遇到一些学生，他们在教学主要语言的口语方面流利，但在书面表达方面存在困难。这种障碍可能会阻碍他们分享所学内容，并削弱他们对学习的信心和热情。通过音频创造的过程，学生突破了文字障碍，使其完整呈现知识掌握程度，他们能够捕捉并分享他们的学习成果，从而在其他交流场合中建立信心。如果学生已经是音频媒体（如播客）的消费者，他们可以清楚地看到这种创作形式与自己生活的关联。如果你的学生尚未接触过这种媒介，你可以向他们介绍一些他们感兴趣的或者是与相关教学主题契合的学生友好型播客，帮助他们入门。

在开始创作基于音频的产品之前，学生应具备基本的媒介素养。为学生的音频产品设定明确愿景，并分享相关范例。如果学生将制作播客，你可以让他们先听一些播客片段，以提供背景信息。在课堂上，你可以与学生共同回顾这些范例，并开启一场关于如何做才能让学生创作出更富有成效的音频的讨论，帮助学生明确他们创作的项目要以什么形式和风格呈现。当学生制作音频产品时，他们可能会借助脚本或笔记来记住关键要点。脚本或清晰的提纲是创作音频项目的重要组成部分，可以在同伴或教师反馈环节中纳入考量。当学生准备录制音频项目时，你可以分享一些实用建议，例如：选择安静的地方录制、参考脚本或提纲、在按下录制键前进行练习、使用耳机或麦克风等。如果学生没有编写脚本，他们可以选择生成录音的文字稿，与数字部分一同分享。为了确保作品对于不同受众（同学、家长和社区成员）都易于理解，同时为音频提供对应的文字稿（或为视频项目添加字幕）是非常重要的。我们将在第9章进一步探讨如何分享学生作品。

基于文本的创作

在在线空间中创建的基于文本的产品为学生提供了在整个写作过程中使用数字工具的机会，并且使之能够更轻松地与世界分享他们的书面作品。在数字空间中工作的好处远不止简单的文字处理，还包括能够访问有助于学生审查其写作的资源和工具（例如语法纠正和校对工具Grammarly）、与同学协作以获取反馈（例如使用在线文档工具），以及与教师分享其作品的早期版本（例如先将其上传至班级学习管理系统中）。

除了用于促进反馈循环和支持学生在数字空间中工作的通用工具外，诸如语音转文字等特定功能还可以帮助学生记录他们的想法并增强写作信心。技术驱动的文本创作超越了传统的研究论文或写作任务。学生不再需要打印出一份成品交给老师，而是可以使用各种在线工具创建一种学习成果，这种成果与他们目前消费的在线内容类型相类似。允许他们创作的类型选择众多，且应包含诸如博客文章、新闻报道和访谈等内容，以及诸如社交媒体帖子上的简短（或较长）说明等微博客产品。

在指导学生创作基于文本的作品时，帮助他们区分面向写作过程的工具（允许用户轻松生成想法、创建草稿并征求反馈）和更侧重于发布最终产品的工具是很重要的。例如，你的学生可能会先在线编辑文档创作，在那里他们更容易突出显示、留下评论或在屏幕上移动文本。而在主要为分享最终产品而设计的工具中进行这些更改可能会更困难。为了进一步说明这一概念，可以想象一个写作工作坊，在那里学生可能会先在笔记本上写作以收集想法，在草稿页上添加便利贴，并划掉他们想要删除的句子。然后，当他们准备好将所有内容整合成最终可分享的作品时，再转向“出版质量合格”的出版物。

视觉创作

视觉创作这一类别包括信息图表、连环漫画、思维导图（包含图画和符号等视觉元素的笔记）、插图等。这类创作虽然可能包含文字，但视觉元素是其主要特征。接下来，我们将深入探讨其中的两种视觉作品——信息图表和连环漫画，以突显学生如何利用这些创作来捕捉和分享他们的学习成果。

信息图表

信息图表作为一种在印刷和数字媒体中广泛应用的媒介，能够有效辅助学生通过视觉元素表达其思考。这些视觉元素包括图标、图像和文字，并结合主题色彩方案进行设计。作为信息的可视化呈现工具，信息图表适用于多种类型的学生学习体验。它不仅促使学生思考如何在图形中组织信息，还帮助他们理解如何向受众传达信息，以及如何让信息点成为讲述某个主题故事的重要组成部分。学生可以使用信息图表来展示已获得的信息（例如美国地质调查局提供的数据）、自主学习发现的数据，以及通过调查收集的结果。信息图表要求学生深入分析信息，将事实和数据以视觉化的方式呈现出来。这种形式的作品需要批判性思维，并且可以通过同伴反馈等协作方式进一步提升质量。教师可以为学生提供预先设计的模板，指导学生修改现有模板，或鼓励学生从零开始创建。

连环漫画

连环漫画作为一种强调事件顺序的视觉表现形式，是解释性写作和叙述性写作的理想选择。除了特定主题的应用，如重述历史事件或分解科学实验步骤，连环漫画还可以帮助学生掌握英语语言艺术的核心概念，例如撰写引言和结论，以及使用精确的语言描述概念。学生可以选择按照预设格式创作连环漫画，或使用带有预留区域的模板，在每个格子中添加图片、说明文字和动作词。创作连环漫画要求学生思考一系列事件或步骤的视觉呈现方式，他们可以通过查看示例和讨论创作目标来提升作品质量。

在第1章中，我们探讨了学生在数字空间中组织信息的方法。此外，这一类视觉创作还包括其他形式的学习成果，如思维导图、速写笔记和图形组织器，这些工具同样要求学生以视觉形式组织信息。

以下是学生可以用于视觉创作的一些工具类型示例：

- 在线设计工具。
- 照片编辑和拼贴制作工具。
- 演示文稿工具。
- 基于云端的交互式内容创作工具。

多媒体创作

多媒体创作与本章前文所述的音频创作、视觉创作和基于文本的创作具有紧密关联，它指的是整合多种媒体形式的学生作品。此类创作不仅叠加了前文所述学生作品的各类优势，还让学生通过构建多模态学习成果，激励他们综合尝试各类媒体形式，充分挖掘数字工具的功能潜力并应用到自己的学习体验中。例如，学生可以整合图片、金刚区图标、音乐与语音的演示文稿，以及具备交互功能的电子书（例如在文本段落或主题相关图片旁设置语音播放按钮，学生点击即可听到音频内容）。

多媒体项目特别适用于支持学生自主选择学习成果展示方式的教学场景，这为教育工作者提供了很大的灵活性，即便是在让学生个体或学生小组使用相同的数字工具的前提下，仍然满足他们的差异化需求。例如，教师可布置统一任务要求全体学生创建一本记录科学实验过程中所遇到挑战与障碍的电子书。其中一半的学生可能选择在电子书中嵌入视频来分享他们的故事，而另一半的学生则倾向于以撰写说明文字并配以图示的方式来讲述。尽管教师对作品质量的要求保持一致，但学生作品的最终呈现形式将各有不同。

接触多媒体工具可能使学生同时体验选择自由的愉悦与面对“空白画布”的焦虑。为此，身为教育工作者，你可以为其提供基础性创作框架（如项目模板）作为支撑，或在项目导入阶段展示更丰富的案例以拓展学生的创作视野。借助视频创作工具，学生们可以朝着许多方向去分享他们最喜欢的事物并谈论自己的兴趣。你可以给学生提供一些框架，帮助他们保持专注，同时仍为他们提供分享的选择。例如，在3年级学生的自我介绍视频任务中，你可以向他们建议这个作品最起码要包含3个基本的要素：（1）标题页；（2）一份关于你的名字如何发音的说明；（3）你们在本学年想要完成的一个目标。

为何在课堂上使用音乐

音乐能够改变传统的学习体验。自我从学生变成教师以来，情况已经发生了很大的变化——那时老师可能会用盒式磁带为全班播放一段音乐。而现在，用智能手机、电脑、交互式白板或平板电脑“调出音乐”并播放，比以往任何时候都更容易。

播放音乐有助于营造氛围、提高专注力，还能让学习过程更有趣。借助短小的人工智能生成的音乐片段，你还能与特定课程内容建立联系。

在科学课堂上，教师可能会用音乐来辅助解释复杂的理论。社会学科教师可以通过融入反映特定时期或地区的音乐来丰富其历史课程。对于数学，节奏和节拍有助于阐释模式和序列，使抽象概念更易于理解。在英语语言艺术课堂上，音乐可以作为创意写作的背景，或者帮助分析文学作品的情感潜台词。可能性是无穷无尽的！

尽管你可能会给学生提供一个建议的结构，但同时你也可以释放一些灵活性的信号给学生。在保证核心框架的前提下，你应该允许学生自主选择用于视觉效果的图片或图标，添加字幕或录制自己的声音作为解说语，并选择背景颜色和音乐来搭配他们彰显个性、独具特色的“自我展示”视频。以下是学生可以用于多媒体产品的3类工具示例：

- 剪辑软件。
- 在线图文设计应用。
- 电子书制作应用。

拓展时间：利用人工智能制作课堂互动答题闯关游戏

如果你正在寻找一种能有效吸引学生参与信息型知识点复习的方法，不妨尝试用人工智能驱动的工具制作一款具有抢答模式的课堂游戏，这能够为你的课堂带来类似游戏节目的互动体验。

我从小就喜欢看智力竞赛节目《危险边缘》(*Jeopardy*)，几乎每晚都会观看。我的姑姑几年前还曾是参赛选手。因此，当我在今年夏天早些时候看到很多人工智能工具可以用于游戏开发时我非常兴奋。你能在互联网上搜到各类问题闯关游戏的模板，你也可以根据具体需求自定义游戏内容。例如，问题和答案可以包含文本、数学方程式或上传图片。图片、视频和声音都可以与文本一起使用，也可以单独展示。你还可以将数学方程式作为独立内容添加，或者嵌入其他文本中，如文字题。这种灵活性不仅节省了时间，还为教学设计带来了更多的创意机会，无论你是在教授小学生基础概念还是在教授高中生更高级的内容，这种用人工智能自动生成的游戏的策略都能满足不同学龄段和学科的需求。

利用人工智能自动生成游戏提供了灵活性与创意机会：你可以通过在课堂上与学生互动的方式灵活决定最适合学生的复习游戏内容。你不仅可以根据教学目标和学生需求创建你的原创游戏，还可以向聊天机器人查找一些现成的模板。此外，学生可以通过多项选择、记忆配对或问答比赛等形式参与游戏。为了拓展复习体验，教师可以分享链接，让学生使用基于游戏内容的闪卡进行复习。通过这一功能，你可以快速设计出完美的复习游戏或补充资源与学生分享。如果你过去使用过人工智能工具，你已经了解它们可以充当助手或合作者，它能帮助你高效地创建有趣且有针对性的复习游戏，而无须花费过多时间。

在课堂上引入游戏的价值：将游戏作为复习手段引入课堂有诸多好处。如果策略得当，这类游戏可以显著提高学生的参与度，并在课堂上营造积极的学习氛围。正如我之前提到的，教师可以在整个过程中保持主导地位，根据学生的情况自定义内容和体验。

开放式创作工具

“开放式”是指一种教育科技工具，它为学生提供了一张空白画布，使他们能够在上面自由创作。例如，Adobe Express是一款适用于多种创作任务的工具，学生可以使用它来制作数学教程、公共服务公告或包含喜爱动物相关事实的信息图表。总之，开放式创作工具具有多样的应用场景，这些工具为学生和教师提供了丰富的创作选择。作为一名为从幼儿园教师到高中教师提供专业发展支持的教育工作者，我非常重视在教育科技工具库中拥有适用于各种学习环境的灵活工具——这正是开放式创作工具的独特价值所在。

在《教学任务先于应用程序》一书中，我分享了一些指导性问题，以帮助教育工作者评估某个特定工具是否最适合学生创作者。在此基础上，我又增加了一些考虑因素，形成了以下评估标准：

- 学生是否需要录制视频或拍摄照片来完成活动？
- 该工具是基于网络的，还是学生需要下载应用程序或扩展程序？
- 该工具是否允许学生将不同功能层叠在一起（例如，在图片上添加文字）？
- 该工具是否能够帮助学生创建一个易于与观众分享的最终产品？
- 该工具是否提供图片库的访问权限，还是学生需要自行提供图片？
- 我们今年能否将此工具用于其他项目，还是它仅限于当前项目？
- 是否有同事具备使用该工具的经验，我可以向谁寻求支持？

通过区分过程和产品来满足不同的需求

正如前文所述，将技术与学生创作相结合能够显著提升教学的附加价值，并为学生提供丰富的选择机会。数字工具不仅能够帮助教师在创作过程中满足不同学生的需求，还能有效实现差异化教学的目标。

在《如何在学术水平参差不齐的课堂上进行差异化教学》（*How to Differentiate Instruction in Academically Diverse Classrooms*）一书中，卡罗尔·安·汤姆林森指出："在差异化教学的课堂中，教师应假设不同学习者

创作数字图书

在与教师和学生合作时，我喜欢介绍并使用开放式创作工具。我有幸访问了夏威夷大岛的科库阿学院（Kōkua），并与即将开启海洋生物主题单元的小学生一起学习。为了激发学生的好奇心，我们创作了"我想知道……"图书，让学生记录下自己的问题。在这个活动中，我们使用了电子书制作软件，我鼓励学生根据自己的喜好选择不同的功能（例如，用画笔工具绘画，用语音录制功能记录音频），为未来的研究项目收集问题。

有不同的需求，并积极规划课程，提供多种途径以获取和表达学习成果。”汤姆林森进一步强调了3个核心领域的重要性：（1）内容输入，即学生所学的内容；（2）过程，即学生理解概念和信息的方式；（3）产品输出，即学生展示其学习成果的方式。在本书前面部分，我们探讨了如何通过策划来差异化内容。当学生创作学习成果时，他们与内容互动的过程以及作为学习证据的产品可以进一步推动这种差异化教学的实现。

技术附加值

教育工作者可以通过多种方式利用技术，激发那些可能难以通过传统方式展示所学知识的学生的潜力。在评估开放式创作工具的功能时，应重点关注其增值效益，即在创作过程和最终作品方面可能带来的具体益处。例如，在创作过程中：

利用或不利用数字工具进行创作都可以

尽管本书的重点在于人工智能如何为教育赋能，以及在数字空间中如何与学生协作以让他们达到更好的学习效果，但这并不意味着你要排除模拟或线下创作选项。实际上，学生可以通过多种方式将线上学习体验和线下学习体验有机结合。例如，在社区花园建造堆肥箱的过程中，学生可以使用平板电脑拍摄照片，记录从开始到结束的整个过程，并展示该项目如何与数学目标（如测量）和科学目标（如食物链）相联系。同样地，你可以为学生提供创建奇琴伊察（Chichén-Itzá）比例模型的多种选择：一些学生可以选择使用建模工具构建3D模型，而另一些学生则可以使用纸浆等传统材料进行手工制作。

数字作品不必与亲身体验分离，反而常常能够为传统的学生创作增添新的维度。通过记录创作过程并庆祝学生的成就，数字工具不仅丰富了学习体验，还为评估和展示学生的作品提供了更多途径。

- 口头表达流利但写作技能尚待提高的学生可以从语音转文字技术中受益，该技术能够帮助他们更轻松地表达思想并逐步提升写作能力。

- 提供音频选项有助于学生通过录制自己的声音更好地分享学习成果，尤其对于那些在书面表达上有困难的学生。
- 语音转文字搜索功能的便捷性可以帮助学生快速找到与项目相关的“恰到好处”的图片，从而丰富内容并增强表达效果。

在决定学生创作的具体作品时，教育工作者应关注不同技术友好型体验的增值效益，以及不同功能（如视频选项和文本选项的结合）所带来的综合优势。这些功能不仅能够为学生提供多样化的表达途径，还能为他们的成功做好充分准备。

拓展时间：探索之问项目

2022年3月，我有幸访问了夏威夷大岛的科库阿学院，并与小学生合作开展教学项目。学生们即将启动一个以海洋生物为核心的主题学习单元，该单元完全基于他们自主提出的问题。这为学生们创造了制作个性化互动学习日志的绝佳契机。

为充分激发学生的探究能力，我们共同开发了“探索之问”系列数字日志，帮助学生系统记录学习过程中的疑问。本文将详细阐述该教学活动的实施流程，并分析数字图书制作工具在此次群体协作中的独特优势。通过电子书制作平台例如Book Creator的多功能特性，每位学生都能运用个性化设计元素创建专属的互动日志，更好地通过视觉化呈现形式表达他们的疑惑。

我热衷于校园访问的一个重要原因，是能够见证学生在既有知识架构上进行创新性建构。在这个项目中，我与学生分享了一系列启发性问题——其中一些

图片来源：Tammy Musiowsky-Borneman (@TMus_Ed)

具备明确答案，另一些则可能激发学生进行进一步的研究。通过集体讨论各自关注的研究方向，我们为“探索之问”日志的创建奠定了理论基础。

在正式使用这个数字图书制作工具前，我向学生展示了一个标准化模板，包含封面设计（标题与图像）和疑问记录页，并进行了平台基础操作的快速演示。在30分钟的实践环节中，学生的核心任务是完成包含个性化封面（自选标题与配图）和至少3个研究问题的内容页设计。

教育工作者在实施“探索之问”日志项目时，可根据教学需求灵活设定任务范围。例如，可要求学生围绕特定学科单元（如海洋生物专题）进行定向问题收集与整理。

该工具的功能优势使其成为本项目的理想技术载体。除直观的图像检索系统和语音录入功能外，其跨平台兼容性（支持各类笔记本电脑及平板电脑等多设备接入）显著提升了教学实施的灵活性。以下重点解析本项目应用的3大核心功能：

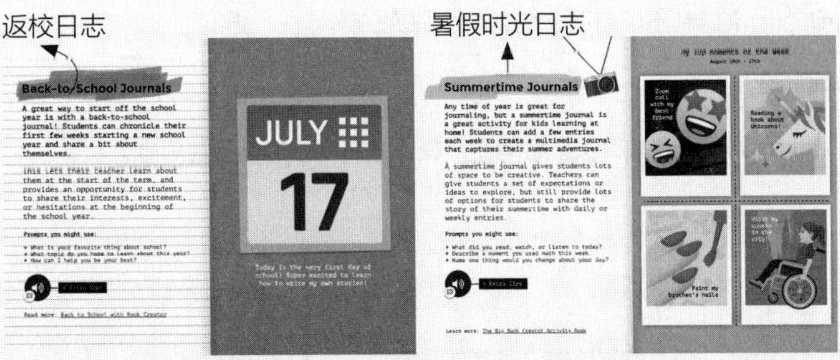

- 形状和表情符号功能：通过整合图库资源，我示范了如何运用图标增强表述的视觉传达效果。这种内置于该工具的符号检索机制极大简化了图形元素的调用流程。受此启发，大多数学生对形状与表情符号的使用产生强烈兴趣，部分学生自主尝试运用几何图形构建视觉框架，并通过表情符号的创意性搭配，实现了文字内容与视觉元素的协同表达。

- 智能图像搜索功能：针对学生普遍存在的拼写障碍问题，该平台集成的语音转文字搜索功能有效突破了传统关键词检索的限制。以“章鱼”等海洋生物学术语为例，学生可通过语音输入直接获取目标图像资源，避免因拼写错误导致的信息检索失效。

- 智能绘图辅助功能：在技术导入阶段，我通常会快速概述核心功能并指出亮点，继而引导师生快速进入创作实践。值得注意的是，在与科库阿学院的学生们一起工作时，我发现几位学生直接使用了钢笔工具等基础绘图工具，并很快自发探索出一个叫“AutoDraw”的智能绘图功能，由此引发关于人工智能技术的非正式拓展讨论——这种由技术工具自然催生的跨学科对话，正是数字化教学环境的独特价值体现。

“探索之问”日志的封面与首页设计仅是项目实施的初级阶段。随着海洋生物单元研究的深入，学生可持续完善日志内容，系统记录研究过程中产生的新问题。这种动态记录机制不仅有助于培育学术探究的连续性，更能为终期项目的展示积累丰富的实证材料。

我期待见证更多教育工作者运用此模式激发学生的创造性思维。

学生自主选择

在《学会选择，选择学习》（*Learning to Choose, Choosing to Learn*）一书中，迈克·安德森（Mike Anderson）指出：“选择的主要目的之一是为学生提供多种选项，使其能够自我区分。”安德森强调了学生自主选择的重要性，认为它不仅能够“对抗学生的疏离情绪，帮助学生与自身的优势和兴趣建立联系”，还能“赋予他们更多自主权、决定权和对自身工作的控制权，从而提升其内在动力”。

在技术友好型课堂环境中，允许学生选择创作的产品形式可以包括提供两个或多个选项。例如，可以选择创建电子书（使用支持语音录制和文字添加的工具），或创建网页（使用支持在线发布作品的工具，以博主的风格展示）。然而，如果学生需要大量支持，或者教师对各种技术工具的功能不完全熟悉，在数字空间中提供这些选择可能会显得复杂且具有挑战性。因此，教师可能更倾向于在学年伊始向学生介绍一种适应多模态的开放式创作工具。由于这种工具用途广泛，教师可以在整个学年中多次使用同一种工具，完成不同类型的项目，从而使学生在学期初就熟悉该工具，并在后续的学习中更加得心应手。

助力学生取得成功

为了帮助学生在使用接入人工智能的教育科技工具记录学习成果时获得成功感，教师可以引入多种辅助资源。这些资源中最常见的包括范例、评估清单和量规，以及图形组织器。所有这些结构化资源应该有机地整合到教学设计的全流程支持框架中。

范例

示范案例开发：示范案例本质上是经过教学设计优化的典型项目样本。开发示范案例不仅有助于教师和学生双方都明确项目的预期方向，建立统一的评估基准，还能为学生提供具体的参考框架。通过创建案例样本，教师可以预见潜在的学生需求，并主动规划如何应对这些问题。此外，范例能够帮助教师预测学生可能提出的问题，识别潜在的学习障碍，并确定有针对性的干预策略，帮助学生掌握拿到好结果的技术应用能力。

如果教师担心案例会引发学生简单模仿或直接“抄袭”，这种担忧往往反映出教学任务设计存在过度结构化的倾向，学生在表达过程中不得不墨守成规，制约了创新思维的发展空间。为了避免这种情况，教师除了分享自己创作的范例外，还可以使用过去学生的作业（需获得许可）或跨学区或跨学校从其他教育工作者及在线资源中找到的示例作为范例。这不仅能丰富范例的多样性，还能激发学生的创造力。

辅助资源生成：在第3章中，我们探讨了如何利用人工智能生成教学材料和辅助资源。如果你难以找到合适的项目示例与学生分享，可以借助聊天机器人工具获取支持。例如，如果学生需要撰写与世界和平等主题相关的打油诗或俳句，你可以请求聊天机器人生成一些符合教学目标的高质量示例供学生参考，这种方式不仅节省时间，还能在保证案例质量与相关性的前提下，给学生留出创作空间。

评估清单和量规

评估清单和量规能够为学生在完成各类项目时提供有效支持，是结构化评估工具。在教育工作者设计技术整合型学习情境时，教师可以首先回顾一下，如何对既往同类课程目标下的量规体系进行分析。例如，如果学生正在制作数学教程视频，教师可以参考以往用于评估学生解决数学问题的清单或量规，以及对学生展示解题过程的具体要求。

量规不仅有助于评估学生的作品，还能清晰传达教学期望。在单元教学过程中，教师可以通过正式或非正式的方式与学生交流，利用量规引导对话。这些量规可以包含额外的空白行，涵盖技术友好型环境中特有的主题，如视频中的音乐选择如何与主题的基调或风格相匹配。此外，教师还可以设计一个与项目数字元素相关的清单，确保学生（及任何同行评审者）能够检查其创作是否满足特定的技术要求，如音质、图像引用以及其他重要考量因素。

图形组织器

在整个创作过程中，图形组织器能够有效帮助学生整理思路并制定计划。这些工具形式多样，既包括使用多人在线协作文档等数字平台创建的结构化图表，也涵盖无需技术手段的手工便利贴等形式。图形组织器虽对班级中的每位学生都有潜在助益，但其应用并非一刀切的方法。相反，教育工作者可以根据观察和先前收集的数据，向特定学生推荐适合的图形组织器。例如，对于预计在创作过程中需要分类整理想法的学生，可以引入T型图；而对于另一些学生，在开始为电子书或幻灯片添加图片之前，可以推荐词汇头脑风暴页面以促进概念生成。

本章思考

我们通过多种方式全天候、无间断地消费内容，无论年龄大小——从阅读到观看再到聆听，涵盖由他人创作的各种媒体形式。作为消费者和创作者的角色并非相互排斥，而是相辅相成。在创作新内容的过程中，我们能够更深刻地理解所消费媒体的开发过程，从而更有能力评估内容创作者的权威性，并判断其来源的可信度。

学生的创作形式多样，在本章中，我们探讨了学生创作作品时需要考虑的关键要素。这些要素为教育工作者利用数字工具帮助学生分享学习成果提供了坚实的基础。在深入研究学生的创作时，我建议你鼓励学生提出与他们作为数字内容消费者的习惯和兴趣相关的想法。例如，一个学生可能会基于历史事件创作一款视频游戏，而另一个学生可能会开发一款应用程序来追踪社区的回收情况。无论是哪种形式，学生都需要对内容有全面的理解，支持信息整合，并有机会利用技术手段制作和创造产品以表达他们的学习成果。

在后续章节中，我们将探讨如何为学生的作品找到受众，并设计与他们的兴趣和世界观相关的体验。在下一章，让我们先看看评估在学生消费和创造技术友好型内容时的具体作用。

第 8 章

评估以检验理解程度并调整教学方向

评价 evaluate	确定 determine	估计 estimate	评判 judge
确定 ascertain	学习 learn	决定 decide	分析 analyze

诸如人工智能的教育技术工具，能够帮助教育工作者提高工作效率、自动化处理重复性任务，并在很多方面让我们的教学过程更加轻松。数字工具不仅能够简化评估任务，更可通过技术整合实现诊断性的理解评估，使更多学生能够有效地展示其知识掌握程度，并为教师提供学生究竟在哪方面需要精准的学业支持的需求分析。

尽管技术可加速多项选择题的自动化批改流程，但本章我们将突破扫描阅卷仪器的应用边界，思考如何充分利用数字工具的力量来提升整个评估体验。

如果你参加过我关于形成性评估的网络研讨会，应该熟悉我有一句经典台词："收集无效数据毫无意义。"本章的重点将聚焦在收集和分析数据，以便你能够通过教学调整和干预措施采取行动。我们将重点探讨如何在教学前、教学中和教学后3个阶段实施形成性评估以检查学生对知识的理解情况，并建立完整的检测机制。

数字工具具有两种特殊的天然优势，其一，提升学习成果展示频次（频率）；其二，拓展认知表达方式（选择）。这些教学技术可以帮助学生迅速分享他们对某个主题的理解，并提高他们参与课堂的积极程度。教师可以根据学生的独特需求定制评估流程，例如针对偏好视频讲解的学习者设计可视化反馈机制。特别需要指出，智能评估系统能实时解析学生互动数据，动态优化教学策略，确保个性化学习支持的有效实施。

为何这至关重要

评估是每位教育工作者工作中的核心环节，它与数字工具的深度融合正重塑现代教育的评估范式。有效的评估常规对于精准把握学生的实际需求至关重要，从而确保教师能够更高效地利用与学生互动的时间。技术的赋能不仅提升了形成性评估的质量和效率，还使得从所有学生那里收集和分析高质量的学业数据变得更加便捷。这不仅为规划针对性的教学干预措施和制定差异化教学策略腾出了更多的时间，还实现了评估与日常教学活动的有机融合。

在《教师真正需要了解的形成性评估》（*What Teachers Really Need to Know About Formative Assessment*）一书中，劳拉·格林斯坦（Laura Greenstein）指出："形成性评估具有明确的学生指向性。它弱化了教师的信息传递方式，转而聚焦于学生的信息接收质量、认知理解深度及实践应用能力。"因此，评估应该以学生为中心，数字工具能够帮助教师调整教学策略，促进学生自我评估，并提供激励性的学习体验，同时让学生能够分享他们的学习成果。评估不仅是强有力教学的重要组成部分，还要求教师在给学生设定学习目标时深入思考成功标准。值得注意的是，优质教学的实现必须建立在精准的评估框架之上，这要求教育工作者在制定教学目标时，同步构建与之匹配的成功量规体系。

对于教育工作者而言，利用技术设计评估是有效教学实践的重要组成部分。根据国际教育技术协会（ISTE）教师标准指标2.7.b“利用技术创建评估”的要求：“教育工作者应运用技术手段设计并实施多样化的形成性和总结性评估，以满足学习者的需求，提供及时的反馈，并为教学决策提供数据支持。”

形成性评估

在《为理解学情而检查：课堂中的形成性评估技术》（*Checking for Understanding: Formative Assessment Techniques for Your Classroom*）一书中，道格·费希尔（Doug Fisher）和南希·弗雷（Nancy Frey）提出了以下建议，即使用这些指导性问题将“为理解学情而检查”这一概念融入你的实践中：

- 我是否知道我的学生存在哪些误解或天真假设？
- 我如何知道他们理解了什么？
- 我会接受哪些证据来证明这种理解？

- 我将如何利用他们的理解来规划未来的教学？

当技术被引入其中时，你可以基于这些形成性评估，通过以下方式更深入地探究学生的理解：

- 你可以使用让每个学生都能分享的工具，从而听到更多学生的意见，而不仅仅是那些举手的学生。
- 你可以利用数字空间的特性，如音频、语音转文字、插图、视频等，为学生提供更多回应方式。
- 你可以使用数字工具收集信息，从而更好地组织数据，最终节省时间和精力，将这些时间和精力重新分配给设计干预措施和直接与学生合作。在审视技术丰富型学习环境中的形成性评估时，我们可以牢记这些最佳实践，同时探索如何借助技术提高评估常规质量的机会。你的教学目标和成功标准将反映学生的需求以及你特定的标准和课程。让我们来探讨在教学前、教学中和教学后你可以采用的策略，这些策略将为你提供可操作的见解，以指导未来的教学体验。

教学前

在课程或单元开始时，教育工作者可以通过检查学生的现有认知来评估他们对某一主题的理解情况。在技术友好型课堂环境中，学生可以利用多功能在线协作平台、互动学习平台或共享平台等，对诸如“关于太阳系你已经了解了什么？”之类的问题作出回应，从而帮助教师全面了解班级整体的认知水平。此外，在课前，教师还可以通过多人在线协作工具发布一套正式的问题，让学生以简短回答的形式作答。

除了在新学习体验启动前检查学生的理解情况外，教师还应收集有关学生可能存在的误解的信息。例如，KWL活动（学生分享他们已知、想知和已学的内容）是识别误解的有效方法。为了适应不同学生的表达偏好，教师可以提供多种回应方式，如音频或视频格式，使学生能够更自如地表达自己的想法，无论其写作水平如何。

在我的著作《#形成性技术：利用技术进行有意义、可持续且可扩展的形成性评估》（*#FormativeTech: Meaningful, Sustainable, and Scalable Formative Assessment with Technology*）中，我详细探讨了这种活动在实际操作中的应用：

利用聊天机器人生成评估问题

聊天机器人可以协助你在学习过程的开始、中间和结束时生成评估问题，以检查学生对所学内容的理解情况。以下提示可供你参考，你可根据你的学习目标、成功标准及其他相关信息进行自定义：

- 生成[数量]个写作提示，供[年级]学生使用，以展示他们对[主题]的理解。

  示例：生成5个写作提示，供8年级学生使用，以展示他们对美国独立战争原因的理解。

- 编写[数量]个评估问题，针对[年级]学生，以检查他们对[主题]的理解。

  示例：编写10个评估问题，针对2年级学生，以检查他们对天气系统差异的理解。

如果过去你是通过索引卡或便利贴收集学生的反馈信息，现在则可以借助技术工具确保在课程伊始就从每位学生那里获取形成性评估数据。这样一来，你无需再遗憾“要是我知道学生们对这个子主题有多喜欢就好了”或者“要是我知道去年没人读过这本书，我就会用一个不同的例子了……”，而是能够高效地收集信息，并立即采取相应的教学措施。

在课程或学习单元开始时，教师不仅要考虑检查学生的理解程度和寻找错误观念，还可以引入词云等互动活动来衡量学生对某一主题的兴趣。例如，学生可以根据提示“关于这个主题你还想知道什么？”提交一两个关键词。此外，教师还可以使用在线工具创建实时投票或量表，以评估学生对新话题的舒适度或信心水平。

拓展时间：融入人工智能元素的地球日活动

地球日是让学生参与有意义且高兴趣学习体验的绝佳时机。无论你教授科学、社会研究、数学还是英语语言艺术，都有很多方法将地球日与你的课程内容相联系。为地球日活动做规划能够帮助学生看到他们所学知识在现实世界中的应用，并激励他们在社区中采取行动。在下文，我将分享一些教育工作者如何应用人工智能工具为深受学生喜爱的地球日活动增加乐趣。

你会在4月开展地球日活动吗？这个特别的活动为跨学科联系提供了绝佳的机会。学生们可以通过阅读和写作来探索环境主题，分析与气候趋势相关的数据，甚至通过创意项目来表达他们的理解。

人工智能驱动的工具能够支持差异化教学，确保所有学习者都能以适合自己的水平参与地球日相关主题的学习。无论是创作歌曲、生成定制阅读材料，还是设计独特的视觉作品，人工智能都能优化学生的学习体验，同时让他们保持积极高涨的参与度。

为什么地球日活动很重要？将地球日融入课程能让学生将课堂学习与现实世界联系起来。科学课可以探讨生态系统、生态保护以及可再生能源。在社会研究课上，学生可以研究全球环境政策和历史运动。数学活动可能包括分析污染水平的数据或计算碳足迹。如果你正在教授英语语言艺术课程，或者在寻找与读写能力相关的教学内容，你的课程可能会涉及倡导可持续发展的说服性写作作品，或者阅读有关环境问题的文章。人工智能可以通过生成分级阅读材料、总结关键概念，甚至提供互动测验来评估理解程度，从而为这些活动提供支持。

人工智能与环境

今年你是否参加过我的主题演讲、研讨会或网络研讨会？那么你可能听到过我在谈论与人工智能相关的某些问题时会用到“健康犹豫”（healthy hesitation）这个词，这些问题应当让我们有所停顿。其中一个领域就是人工智能对环境的影响。简而言之：向聊天机器人提交一个查询（哪怕是像你在这份清单上看到的那样简单的一个）所消耗的能量，要比进行一次快速的浏览器搜索多得多。

地球日（或任何一天）都是探究这一主题或与同事、学生展开相关讨论的好时机。有关这一主题的资源探讨了人工智能技术对水资源使用的影响，以及利用该技术应对气候危机的潜在益处。与许多其他技术（包括加密货币）一样，存在大量耗电量巨大的计算活动，这一点值得注意——并且可能成为地球日活动的重点，而非我下面提到的活动。

人工智能如何助力地球日活动

- 利用人工智能工具创作歌曲：通过歌曲生成器工具，你可以使用人工智能生成的歌词和熟悉的旋律创作一首关于地球日主题的原创歌曲。
- 将文章转化为听力活动：目前有很多人工智能驱动的工具可将复杂的学术论文和书籍转化成音频讨论，帮助用户更轻松地理解和吸收知识。你可以将一篇正规期刊发表的在线来源的关于地球日的文章转换为有趣的音频格式，用于听力理解练习。
- 使用人工智能图片生成器这类工具生成独特的动物组合：让学生将他们最

喜欢的两种动物组合起来，创造出一种富有想象力的新物种。有很多在线设计平台都提供这个服务，学生可以选择使用生成式人工智能根据提示批量生成图像。完成后，他们可以讨论这种新物种的栖息地和适应性。

- 使用人工智能分级阅读与学习平台创作一篇阅读短文及词汇练习：现在有很多为教师提供个性化学习资源的AI工具，旨在帮助教师为不同阅读水平和语言能力的学生创建适合的教学资源。我很欣赏教师们能用它为学生生成一篇适合其年级水平的差异化补充阅读短文。附上相应的词汇练习，以强化有关地球日的关键概念。

- 使用人工智能视频摘要工具总结地球日视频：你可以使用此工具从信息丰富的地球日科普视频中提取关键细节，并制作成闪卡或理解性问题，帮助学生快速理解。

- 在观看视频时使用问题生成器：你可以用AI助手生成各种关于地球日的问题，让学生观看视频的同时，保持参与度。

- 借助3D沉浸式数字体验探索世界：有很多组织或机构都搭建了数字文化艺术资源库，你可以给学生提供链接，也可以让学生选择他们想去的地方。这是探索环境地标或自然奇观的绝佳方式。

- 与“语音导览”结合起来使用，开启虚拟实地考察之旅：很多自然景观和人文博物馆的官方平台都接入了“语音导览”。引导学生游览著名的生态景点，同时鼓励他们提出关键问题。

- 利用人工智能工具创建读者剧场：你可以生成一个关于地球日的剧本，让学生们表演。这是让环保理念生动起来的绝佳方式。

- 与学生一起走向户外：在上学期间让学生保持活跃和专注是许多教育工作者面临的挑战。在课间休息、午餐时间和课外活动之间，找到合适的活动来鼓励运动和团队合作并非易事。我在博客上多次介绍过一个运动装备品牌，他们自发研究了一个人工智能应用功能，帮助使用者根据学生人数、可用设备以及教育目标快速找到活动，随机生成或者定制户外运动游戏，为教师设计课间休息活动或者非结构化项目安排提供创意与灵感。你的学生可以玩与地球日主题相关的互动游戏，同时还能在户外活动起来。我喜欢在教育中使用人工智能这种方式，因为成年人可以利用这款人工智能驱动的应用程序为学生创造无屏幕体验。它的一个突出亮点是能够生成与社会情感学习（SEL）目标相契合的活动。例如，它可以为你提供一些课间游戏的创意，这些游戏包含培养协作和解决问题能力的机会。这在实际操作中是什么样子的呢？你可以将你的目标、参与游戏的学生人数以及你可用的设备告诉此类人工智能工具。它会为你推荐一个游戏，比如一个团队合作游戏，使用豆袋椅和锥体教具来促进学生之间的团队合作和交流。而且，人工智能工具将为户外活动赋能，还能在无意之间培养学生的领导能力，很多生成的休闲活动创意都为学生提供了参与学生领导力项目的机会，在这个过程中孩子们不仅学习如何为自己的课间休息负责，还要与低年级同学协作游戏，甚至组织自己的游戏和活动。这种领导力机会不仅有助于建立自信，还能营造积极的校园文化，让每个学生都有机会做出贡献。教师可以掌控全局，也可以退居幕后让学生主导。

- 使用人工智能生成的幻灯片进行快速教学：如果你想为探索地球日主题增添更丰富的内容，可以向AI助手发布关于主题和样式需求的指令让它快速制作一套幻灯片。这类工具为教师提供了诸多便利，帮助他们节省时间。生成的幻灯片能够以引人入胜的视觉效果和结构化的内容支持地球日课程。

地球日活动可能只是你运用人工智能工具的入门指南，这个项目设计为学习提供了相关性，激励学生批判性地思考他们对地球的影响。通过融入人工智能工具，你可以实现差异化教学和混合式教学，激发学生的创造力，并使这些课程更具个性化和吸引力。无论学生是写作、分析数据还是创作多媒体项目，这些活动都将帮助他们以有意义的方式将所学知识与现实世界联系起来。

教学中

在课程或学习单元的中间阶段，教育工作者可以有计划地暂停教学，以检查学生对所学内容的理解情况。这一过程应作为确保教学满足学生需求的重要策略，有目的地进行。这些课中暂停以检查理解的机会应当是教学计划中的重要组成部分，而不是事后才想到的补充措施。在技术友好型课堂中，这可以通过以下方式实现：

- 转身交流：学生与同桌讨论，并将讨论结果提交到共享空间，如学习管理系统中自带的讨论板、在线协作白板或公共论坛区。
- 停顿记录：学生暂停下来，通过多种方式记录他们的思考，如用在线工具绘制思维导图或在在线协作空间添加虚拟便利贴。
- 快速提问：学生回答一个开放式的简答题，以便教师实时了解他们当前的理解水平。
- 学情监测：学生通过词云生成器、量表工具或实时投票系统等方式分享学习信心、即时感受或所需支持。

在规划课中检查理解的环节时，首先需明确课程的教学目标和预期成果。确立你期望学生应该在课程或活动结束时达成的能力目标，并据此制定相应的成功标准。在形成性评估的全周期（包括课中阶段），成功标准的设定具有关键作用。例如，当你通过学情监测工具发现学生的信心指数偏低，或在协作平台中发现学生的回答存在系统性偏差时，你可基于数据反馈即时调整教学策略。课中检查机制不仅为全班同学提供了一个重新调整方向的机会，更能推动针对性干预措施的实施，例如召集一小部分学生重点复习某个概念，或优化后续教学环节的观察重点。

教学后

形成性评估通常在课程或活动结束时进行。在学生离开教室之前，教师通过收集学习数据来制定后续教学决策。这一关键阶段往往成为教学策略调整的转折点，当教师分析学生反馈数据时，将据此规划下一步教学方向。

课后信息的收集方式多种多样。虽然你可以使用在线协作文档等工具让学生进行多项选择题测试，但我更建议你考虑如何利用数字平台为学生提供回答开放性问题的机会。这些回答可以采取数字出站票（digital exit slip）或离场券（exit ticket）的形式，让学生有足够的时间和空间来详细作答。通过邀请学生进入一个数字空间，他们可以通过多种方式展示他们的知识掌握情况，如音频记录、视频解说、图示说明或文字阐述等差异化方式。只要你在评估学生当前理解水

如何用生成式人工智能工具评估

聊天机器人可以协助你在学习过程的开始、中间和结束时生成评估问题，以检查学生对所学的理解情况。尽管教育工作者可以自行生成提示并输入到聊天机器人平台中，但专为K-12教育设计的生成式人工智能工具同样值得深入探索。以下是利用生成式人工智能技术，支持教育工作者实现其评估目标的3种方式：

- 定制在线测验，根据学生的反馈情况，为其提供多种题型选项。
- 利用AI助手，在课程中间内置嵌入式问题，增强课堂互动性。
- 使用AI写作助手：根据学生具备的技能和年级定制写作提示，帮助学生提升写作能力。

平之前预先设定好明确的学习目标和可量化的成功标准，那么使用哪一种具体的回应形式其实并不重要。

在选择数字评估工具时，应关注哪些方面？有许多工具可以帮助你在活动结束后检查学生的理解情况。如果你希望学生能够通过多媒体方式进行回应，你需要寻找具备音频录制、视频录制和文本输入等功能的工具。虽然你可以建议学生使用哪种功能并且可以对技术操作给予指导，但你的主要目标是评估他们对某个主题的理解程度，而不反馈信息，你应该为学生提供所有必要的资源和支持，使他们能够充分表达自己的想法。

你可以在学校使用的学习管理系统平台上进行形成性评估。这类系统一般都提供一个多功能平台，学生可以发布视频回应、使用白板绘制插图，并添加参考资料链接功能。例如，在教8年级植物学单元时，让一组学生识别花朵的不同部分。一名学生可能会打开摄像头，一边指着自己画的图上的各个部分，一边同步解说花卉结构的组成部分；另一名学生可能会不露脸，而是使用白板功能画图、添加标签并录制语音解说。学生可以根据老师的问题选择不同的回应方式，如图画、照片、视频或书面笔记，每种方式都可以添加说明文字和语音记录。所有这些回应方式结合起来，形成完整的学情图鉴，足以让教师全面了解学生的理解程度。简而言之，教育工作者应选择支持多元表达的教育技术工具，从而既能够保障评估的灵活性，又能适配学生的个体认知差异。

学生可以通过在在线协作文档中添加评论来请求反馈。根据国际教育技术协会（ISTE）学生标准指标1.1.c“利用反馈改进实

践”，该标准鼓励学生通过技术手段寻求反馈，以改进其学习实践，并以多种方式展示他们的学习成果。具体而言，该标准指出：“学生应利用技术工具寻求反馈，以指导和提升其学习实践，并通过多种形式展示其学习成果。”

使用技术检查学生知识掌握程度的优势

在传统课堂环境中，一刀切的评估方式已被证明并非最佳选择。而在数字化学习空间中，教师可以通过多种渠道让学生分享其学习成果并回应问题。例如，可以设立日志平台供学生对每日或每周的提示作出反应。若采用具备音频、视频及语音转文字功能的工具，学生能够根据个人偏好选择回应形式，并且这种偏好可能随时间而变化。无论学生选择何种技术手段来表达其见解，教师均能据此判断是否需要提供额外支持。

卡罗尔·安·汤姆林森和托尼娅·R. 穆恩（Tonya R. Moon）在其著作《差异化课堂中的评估与学生成功》（*Assessment and Student Success in a Differentiated Classroom*）中指出：“形成性评估使教师能够密切监测学生知识、理解和技能的发展过程，包

利用人工智能为学生提供反馈

在审阅学生作业时，及时给予具有可操作性的反馈至关重要。如果你不知道从何入手，可以向聊天机器人寻求建议，让其提供针对你与学生分享的任务和期望的具体反馈想法，例如以下示例：

- 我的[年级]学生正在[任务/期望]，我想就[具体目标]给他们提供可操作性的反馈。为了帮助他们达成[目标]，我能对他们说些什么？

示例：我的10年级学生正在撰写关于环境科学不同主题的研究报告，我希望就他们的结论部分提供具体的、可操作的反馈。为了帮助他们提升写作质量，我应该对他们说些什么？

拓展“出站票”的用途

尽管我们通常将学生作品的展示与总结性项目联系在一起，但也可以通过庆祝日常学习中的小成就来丰富教学实践。一堂课结束时，多媒体回应不仅能够成为值得认可的教学时刻，还可以发挥双重作用：（1）收集形成性评估数据；（2）为学生提供一个向同龄人展示其作品的机会。例如，学生可以使用可画（Canva）这样的图形设计工具，创建类似于社交媒体上常见的视觉内容。

在《深入探究 UDL：培养专家型学习者的沉浸式实践》（*Dive into UDL: Immersive Practices to Develop Expert Learners*）一书中，肯德拉·格兰特（Kendra Grant）和路易斯·佩雷斯（Luis Perez）探讨了如何为学生创造更有意义的学习体验。肯德拉曾在我的《轻松教育技术》播客节目中讨论了如何帮助学生更好地掌控自己的学习过程。

括识别学生对关键内容可能出现的误解。”为了获取具有实际操作价值的信息，必须确保学生用于表达当前理解的渠道足够丰富，以全面捕捉其思维过程。这是评估技术应用价值的核心所在。通过增加学生反馈的机会，教师可以更好地了解学生对某一主题的理解程度，并为他们提供多样化的回应途径。这不仅提高了学生反馈的质量，还促进了更深入的学习体验。

在同步教学（实时互动）中，即时收集评估数据并迅速采取相应措施；而在异步教学（自主进度）中，尽管学生按自己的节奏学习，仍需遵守一定的时间框架，如课堂期间的轮换站位模式或一周内的一对一会议。在这种自主学习环境中，形成性评估尤为重要，它包括定期检查和及时反馈。教师应持续审阅学生的作业，并附带明确的改进建议。即使学生以不同速度完成任务，教师也应在规定时间内完成作业审阅。制定合理的作业检查时间表，并始终围绕成功标准设定目标，有助于提高教学质量。反思如何收集和使用形成性评估数据时，教师应思考：我希望学生掌握哪些核心知识？为确保这一目标的实现，我将采取哪些具体行动？

利用技术友好型干预措施采取行动

你收集的评估数据能够帮助你为学生设计更加个性化的学习路径。在传统课堂环境中，我们通常会考虑为学生收集资源并制定干预措施。而在数字空间中，我们可以根据所收集的数据，向学生分发经过精心挑选的资源。例如，在平台上为学生创建书籍合集，或者分享数学学习中心等支持性工具的网页应用链接。

基于形成性评估数据采取行动可能包括调整教学计划，改变原本为全班设计的一系列课程或活动。这种调整提供了重新教授策略、复习过往内容或提供相关示例的机会，从而促进学生对概念或观点的深入理解。根据分析的形成性评估数据，你可以与学生分享来自慕课平台的在线视频教程或科普动画类视频。针对整个班级的调整策略可能包括在学习管理系统中发布一系列资源，供学生以小组协作形式进行探究和讨论。

在收集形成性评估数据之后，你要开展的行动方案或者项目可能具体针对个别学生或具有共同需求的学生学习小组。对于个别学生，你可以使用基于人工智能技术的屏幕录制与视频共享工具，分享你制作的录屏文件，帮助他们深入理解某个概念或聚焦突出有用的资源。如果几个学生表现出共同的需求，你可以通过集成了即时通信、视频会议和文档协作功能的协作平台，仅向这些学生定向推送特定文章和开启对话。无论哪种情况，数字环境都能便捷地向目标学生群体分发补充资源，让他们受益良多。通过简单的链接复制粘贴操作，即可在电子邮件、学习管理系统或发布给学生的消息中，快速实现支持性资源的精准投送。

第190期

帮助学生树立自主意识的小贴士

- 反思自己作为学习者的实践经历。
- 在学生学习过程中帮助他们理解“为什么”。
- 向学生介绍新手和专家的概念。

利用人工智能优化教学调整

在查看形成性评估数据时，教育工作者通常需要针对不同学生的认知特点设计多元化的支持方案。你经常会发现，只有这样学生才能更好地理解某一概念。影响你选择差异化教学的因素众多，包括学生的学习风格差异、学习进度和特定需求。设计特定的干预措施或提供多个版本的作业以实现差异化教学可能是一项耗时的任务。但像聊天机器人这样的人工智能工具可以帮助你开展差异化教学。在审查形成性评估数据后，你可能会发现少数学生需要特定的干预措施。此时，你可以尝试向聊天机器人输入提示，以节省根据收集和分析的学生需求信息采取行动的时间。需特别强调的是，生成式人工智能工具必须与教师的专业判断相结合才能实现最佳效果。以下是一些你可以尝试的查询示例，以帮助满足个别学生或小组的需求：

1. 解释[单词]的含义，并将其置于一个句子中，以帮助[年级]学生理解其在具体语境中的意义。

2. 为[单词]创建一个同义词和反义词表格，每列分别列出同义词和反义词。

3. 我正在给[年级]学生讲授[主题]。请列出在课程结束前他们应掌握的重要词汇。

4. 用适合[年级]学生的方式解释[主题]，并通过与他们的兴趣点建立联系，使内容更具吸引力。

5. 用[数字]步骤为[年级]学生解释[任务]的过程，并使用表情符号或图片来辅助分步指南。

本章思考

如果能够策略性地应用，数字工具在形成性评估过程中可以发挥关键作用，并在整个学习单元中显著影响教学和干预决策。本章强调了利用技术检查学生理解情况的重要性，这使得教师能够更频繁、更深入地了解所有学生的掌握情况，从而提升回应的数量和质量。将现有的形成性评估流程重构为融入教育技术工具，虽然初期可能会带来一定的调整挑战，但这种变革能够提供更高质量的反馈、更具有一致性的评估，并且借助人工智能的支持，可以更高效地简化干预措施，从而更好地满足所有学生的需求。

第 9 章

分享学生创作

大处着眼，小处着手

庆祝 celebrate	称赞 compliment	表扬 commend	喝彩 acclaim
表彰 honor	展示 show of		

在你的课堂中，分享的形式多种多样，从大处着眼、小处着手。无论是传递一篮子蜡笔还是将平板电脑递给同学，这些行为都属于课堂上实物资源的共享。本章将探讨如何在数字空间中进行分享，作为一种让学生展示所学、交流经历以及表彰同伴作品的重要方式。

分享是日常生活中不可或缺的一部分，贯穿于各个年龄段。我们可能会与朋友或家人分享个人成就，或者在工作日开始时与同事讨论通过听播客或阅读杂志文章学到的新知识。同样，学生可以利用数字平台的独特功能，在线展示他们对某一主题的理解和见解。

本章及下一章将围绕为学生作品设定目标这一更广泛的主题展开讨论。在本章中，我们将重点探讨学生如何分享他们的作品，以及提供分享机会的重要性。在下一章中，我们将深入研究将学生作品与相关且真实的

AI 人工智能时代

师生亟需掌握的12个关键

1. 创造搜索即学习的体验
2. 精心挑选资源
3. 利用生成式人工智能开发教学资源与创意
4. 人工智能思维评估体系
5. 驱动学生探索世界
6. 跨数字空间协作
7. 创建多模态学习成果
8. 检验理解程度并调整教学方向
9. 在数字空间分享创作成果
10. 让学生与真实受众建立联系
11. 数字空间技能迁移
12. 规划技术丰富型学习体验

受众联系起来的策略，并阐述其对学生学习体验的价值和意义。

为何这至关重要

学会如何分享工作成果至关重要，当前，多元化的在线平台为所有年龄段的学习者提供了知识传播与创意展示的场域，这使得培养学生在数字化环境中的系统性共享能力具有前所未有的战略意义。尽管你的部分学生可能已经具备了在社交媒体上发布内容的基本技能，但要让他们做好准备，能够有效地向全球受众高效地分享自己的所知所学，这已超越简单的信息交互层面，因为这类分享远不止这些非正式的交流。学生们需要通过数字媒体分享他们的见解、遇到的困难以及取得的成就，而作为教育者的我们有必要通过技术赋能的方式构建完整的培养体系，帮助他们做好充分准备。

所有年龄段的学生都应当能够：（1）在谈论自己的工作时运用口语化表达技巧；（2）运用批判性倾听策略评估他人发布的作品；（3）在数字空间中分享大大小小的学习成果，包括运用多媒体形式结合视觉传达手段展示其学习过程与成果。这些技能并非局限于特定的内容领域或年龄组，而是可以跨学科乃至跨行业应用。为了增强学生在数字空间分享学习成果的信心和流畅度，我们可以在整个学年中持续为他们提供这样的机会。

在数字空间中的发言与展示

在教室里面对一群同龄人演讲，或在家校科学展的海报旁回答家长的提问，是学生分享作品的两个常见场景。这些面对面的线下互动体验固然重要，而在数字空间中，学生同样需要达成类似的目标，只是互动形式和呈现方式与传统场景有所不同。学生在数字空间中的分享方式主要涉及实时视频会议、预先录制视频演示以及在讨论区发布图文内容。让我们仔细探讨这3种学生在数字空间中分享和展示作品的途径。

实时视频会议

学生可以通过远程工具在视频会议中分享作品。他们能借此与合作班级、专家，或虽身处附近却无法亲临校园活动的观众建立联系。例如，学生可在校内使用集成多类功能的协作平台，与不同时区的同龄人或世界其他地区的特邀专家交流，并分享他们的成果。

你可能会发现部分学生对此并不陌生——尤其是2020年年初参与过远程学习的学生。在视频会议中，教师可帮助学生掌握多项技能，包括如何连线进入视频会议室、发言时如何找好定位并注视摄像头、如何有效地运用聊天功能，以及如何共享屏幕展示设备内容。此外，你还可拓展更进阶的技能，例如使用外接麦克风或摄像头提升音画质量，甚至教授安排会议、设置通话等操作流程。

预先录制的视频演示

预先录制的视频演示形式特别适用于异步学习场景，或学生需向无法出席实时活动的受众分享学术成果的场合。此类呈现方式同样适用于因客观限制无法参与实时互动，或更倾向于在非即时压力环境下讲述研究内容的学生。视频内容可采取两种形式：其一是学生直接面对设备摄像头进行成果解说；其二是通过配以图像及旁白的幻灯片进行非出镜式的展示。学生可将此类预先录制的演示视频以超链接或文件上传形式发布于共享数字平台，供同学及潜在受众阅览。

国际教育技术协会（ISTE）教育领导者标准指标3.1.c强调，领导者应通过自身的在线互动来树立数字公民意识。该标准指出："通过批判性地评估在线资源、参与文明的网络对话以及利用数字工具促进积极的社会变革，领导者可以树立良好的数字公民榜样。"教育领导者可以通过分享自己在在线互动中的经验，积极发挥模范作用，成为在讨论空间中有效发帖和倾听的典范。

在评论区发帖

在数字空间中分享信息并不一定要求学生出镜并讲解自己的作品。作为替代方案，教师可以创建一个共享平台，鼓励学生通过文字或语音记录更新项目的进展，或发布他们正在研究的内容的链接。在讨论区，学生们能够看到并认可彼此的贡献。无论在小学课堂上，还是在初中或高中课堂上，像学习管理系统这样的平台可以作为学生发布和分享作品的空间，提供添加图片、超链接、视频、文件、

学生在数字空间中交流的方式

- 进行实时视频会议：学生在谈论自己的作品时可以分享摄像头、声音或屏幕。
- 高效利用班级共享空间：学生可以在此发布预先录制的视频、使用白板、分享屏幕以及分享其他链接或信息，以供观众参与他们的作品。
- 使用视频剪辑软件：学生可以在这里应用录制短视频，并使用视频编辑功能，例如在屏幕上添加文字。

插图和文本等多种选项。教师可以实施内容审核机制，并根据教学需求灵活地启用或禁用评论功能。此外，你还可以鼓励并支持学生将成果发布至公共博客模块，实现更大范围的学术传播。

在数字空间中倾听

当学生在数字空间中倾听时，应做好与分享者建立有效互动的准备，并准备好认可和庆祝对方的作品。凯斯蒂·泰森（Kersti Tyson）及其同事在《如何培养深度倾听》（*How to Foster Deep Listening*）一文中探讨了倾听的教育价值，以及教师如何在不同教学场景下示范倾听技巧。他们指出，倾听技巧的一个重要组成部分是提出“真诚的问题”，即源于对所研究主题或他人观点产生好奇心的问题，且提问者本身并不知道答案。与传统教学场景别无二致，在数字教学环境中，教师同样可以通过提出真诚的问题、总结所听到的内容以及与之前的讨论建立联系来展示强大的倾听技巧。

示范只是帮助学生提高倾听技能的一部分。提供时间和机会让学生练习这项技能同样有关键意义。杰西卡·罗克（Jessica Roake）和劳拉·瓦拉斯（Laura Varlas）在《超越言语：核心口语和倾听能力培养》（*More Than Words: Developing Core Speaking and Listening Skills*）这一著作中强调了“营造一个让学生感到安全并能够自信表达自己的观点和想法的空间”的教育价值。在数字环境中，一个安全的空间应满足以下特征：学生可循序渐进地将习得的倾听技能转化为实践能力，逐步形成与同伴进行学术对话的自信。他们需要时间去尝试参与深思熟虑的倾听、质疑和回应过程。这种包含倾听、质疑与反馈的深度互动能力，是各学科领域、各年龄阶段学习者必备的核心素养。正因如此，具体的实施策略应该包括：在班级中建立常态化的学习成果共享机制，而非仅限于单元学习周期结束时的总结性展示。

贯穿全学年分享大小成果

无需等到单元结束或为期数周的项目接近尾声时才分享和庆祝学生的成果。相反，教师可以考虑提高学生分享的频率，甚至在每节课结束时都安排分享环节，构建持续性的学习成果交流体系。这样做不仅为学生每天的学习都设定好明确的目标，还在常规教学活动中融入责任意识与成果激励的双重效能。融入这些分享机会可以实现多重教育目标。后文首先探讨适合日常分享的技术友好型活动，然后再讨论作为总结性活动的分享。

日常分享示例

学生可以在每节课结束时或每周几次的常规活动中分享他们的作品。为日常分享留出时间可以与社区建设、课堂参与度和责任意识培养等教学目标相契合。此外，学生分享的时刻也可以作为形成性评估的机会，为教学策略的迭代优化提供数据支撑。

在小学低年级的课堂上，学生可以录制一段视频，分享他们创作的插图，并在讲述时指着图片进行解释。他们可以将此类数字成果发布到班级协作平台上，供同学和家人查看。

在小学高年级的课堂上，学生可以使用视频剪辑应用等数字工具制作读书报告视频来分享他们近期的阅读情况，通过在屏幕上添加情绪符号（emoji）和贴纸（sticker），来更直观清晰地表达他们对这本书的感受。如果他们在课堂上一起学习，可以在阅读课结束时分享这个更新；如果采用异步学习模式（如站式轮转模型），则可以将其分享到共同的数字空间中。

在初中课堂上，学生可以响应教学提示制作一张数字“离场券”或“出站票”，通过制作照片拼贴并添加文字来完成。他们可以运用在线设计工具完成图文整合，制成信息图，并分享到教师设置的讨论空间中，同时附上文字阐释或语音解说，供同学查看。

在高中课堂上，学生可以向同伴展示他们为正在制作的演示文稿添加的内容，包括新增视觉素材与文本信息。也可以将同伴互评机制引入其中，让学生和同学分享后，发布一个共享编辑链接，继续协作完成，并全程将创作过程透明化，直至项目完成，最后共同庆祝协作共创的最终成果。

在学年期间，学生将逐步掌握多种分享学习成果的方式。根据国际教育技术协会（ISTE）学生标准指标1.6.a“选择平台或工具”，该标准鼓励学生在分享过程中发挥自主性。具体而言，该指标指出：“学生应选择适当的平台和工具，以实现其创作或交流的预期目标。”

总结性活动的分享示例

当我们讨论学生作品的分享时，总结性成果展示项目通常是首先想到的形式。单元结束项目、数日活动或持续数周的学生项目和研究性课题均属于此类范畴。这类分享和庆祝活动可以采取多种形式，既能突破物理教室空间的限制，又能有效整合社区资源，吸引社区成员参与。除了组织家庭成员和同学与班级共同参与的现场活动外，教育工作者还可以创建虚拟空间进行分享。虚拟空间可以包括班级博客、实时直播活动或在学区官网上发布的电子书合集等协作型数字成果。

我将通过具体的应用场景，阐释师生如何有效运用数字工具实施总结性项目展示：

在小学低年级课堂中，学生可以制作社区探索主题视频，记录他们希望参观的社区场所。教师可以使用网站构建工具建立班级虚拟展厅，将学生的视频发布到该平台上，并将页面链接分享给家长，以便更广泛的观众能够观看。

在小学高年级课堂中，学生可以使用开放式创作工具制作一本关于四季主题的诗歌电子选集。他们可以在笔记本电脑等设备的屏幕上展示自己的诗歌选集，家长或合作班级可以通过云端访问的方式进行观摩；也可以让学生们打开设备，在教室里自由走动，随机近距离欣赏其他学生的作品成果。

在中学课堂中，教师可以指导学生使用数字故事创作工具、演示工具或网页构建工具创建一个着陆页（用户点击链接后到达的网页），展示他们在科学实验中拍摄的照片。在这个着陆页上，除了呈现实验过程影像资料外，学生还可以添加未来研究计划、研究展望等额外的学术性信息。学生可通过视频会议的即时通信功能分享页面链接，与相关领域的专家或参与直播的家庭成员开展深度学术对话。

在高中课堂中，教师可以与学生合作，使用专业工具制作播客。学生以协作小组形式完成行业专家访谈节目的录制与后期制作，每组同学完成一个单集，最终将系列节目上传至云端共享空间。通过建立分级目录管理体系，确保学生能够便捷访问完整的内容。

在公共空间分享成果

在公共空间展示学生作品可分为两类——本地展示和全球展示，每种方式都有多种定制化的实施途径。本地展示可能包括班级庆祝活动（班级学习成果汇报会）、校级成果展演、家庭之夜展览（家校联谊展会）或向学校董事会汇报。这些活动的受众通常是基于你所在学校或学区的封闭群体，他们会欣赏并表彰学生的学习成果。全球展示则可能涉及与不同时区的伙伴班级建立联系，进行跨时区班级协作展示，在学校或学区的社交媒体平台上发布学生创作的链接，或在网上发布带有公共链接的学生作品，以便他们能够轻松地与更广泛的受众分享。每种展示方式都有其独特的优势，但均需严格遵循学生隐私保护原则，并须获得法定监护人签署的知情同意书及学生本人的明确授权。

成果展示应秉持自愿性原则，要鼓励，不要强制。即便已获得监护人的数字化发布许可，仍需确保学生本人具有完全知情同意权。正如你可能会询问学生是否愿意站在全班同学面前发言，或者询问他们是否愿意分享之前写过或完成的作品一样，重要的是让学生明白，当他们的作品被公开展示或进入公共传播领域时，他们作为创作者享有完整的作品处置权，拥有自主权和发言权。你可以向学生提出以下问题以确认其意愿：

- 我们已获准在学校网站上分享我们的电子书。你是否同意将你的作品也包含其中，展示你在这个项目中的出色表现呢？
- 我们能否通过在学校的社交媒体账号上发布你作品的照片，与学校社区分享你的成就？

需要特别强调的是，无论我们的学生是处于学前教育阶段，还是高中教育阶段，获得许可都是必须考虑的问题，因为构建完善的授权获取机制是教育伦理实践的重要组成部分。

学生作品品牌塑造

在线品牌塑造的概念可能看似仅适用于社交媒体网红或企业家，但实际上，品牌塑造本质上是有意识地传递特定信息。《企业家》（*Entrepreneur*）杂志将品牌定义为"一种通过创造名称、符号或设计来识别和区分产品与其他产品的营销实践"。为了引导学生理解这一概念，可以通过以下讨论问题帮助他们思考想要传达的信息：

- 当人们看到你的作品时，你希望他们产生怎样的情感反应？
- 你最喜欢哪些颜色？
- 如果你有一个标志（logo），它会是什么样子？
- 你如何用一句话描述自己？

尽管品牌塑造的讨论似乎更适合高中课堂，但即使是小学低年级的学生也能参与并回答这些问题。

为了帮助学生深入理解品牌的概念，你可以让他们思考一个他们经常接触的公司，并用适当的词语描述其特点。这个概念可能需要通过具体的示范来清晰说明。例如，你可以这样说："当我走进[公司]的店铺时，我感到[情绪]。我会用这3个形容词来形容这家公司：[形容词1]、[形容词2]、[形容词3]。"

学生们可以开始探索自己喜欢的字体类型和色彩搭配，并尝试设计一个标志，以贯穿整个学年的创作过程。设计标志不仅是培养学生视觉表达能力的好方法，也是引入图形设计工具的理想途径，这种工具可以在学年中用于多个项目，帮助学生逐步掌握相关技能。

数字故事讲述

"数字故事讲述"这一术语通常与学生利用技术讲述真实或虚构故事的叙事写作相关联。但将这一术语置于本章的语境中时，其定义则更为宽泛。当学生讲述自己的学习经历并与同学及其他人分享时，他们的作品便不再局限于单一屏幕，而是面向更广泛的受众。作家兼苹果杰出教育家迈克尔·埃尔南德斯（Michael Hernandez）在2023年我的《轻松教育技术》播客中与我探讨了数字故事讲述这一话题——这是他2024年出版的《有目的的故事讲述》（*Storytelling with Purpose*）一书的主题，以及与课堂创造力相关的"无法作弊的评估"这一理念。

第214期

创建防作弊评估的小贴士

- 保持简单。
- 从小处着手，采用低技术手段。
- 注重内容。
- 为你的课程提供明确的目的。

本章思考

掌握在数字空间中分享作品的技能至关重要。从视觉元素的运用到口头表达和听力技能的培养，学生需要通过实践来学习如何在线展示自己的成果。通过为学生提供一个数字化平台进行分享，我们不仅能够提升他们的表达能力，还能在学年中持续庆祝他们大大小小的成就。强调分享过程与最终成果同样重要，这有助于突出学习旅程的意义。此外，这也是帮助学生认识到生成式人工智能应用——这些工具看似能快速生成如论文等成果——仅仅是数字工具箱中的一种辅助手段，而非替代创造性思维和过程的有效途径。

在下一章中，我们将进一步探讨分享学生作品的理念，并将其与受众联系起来。通过结合分享技巧与实际分享机会，学生能够更深刻地理解其工作的重要性和真实性，从而增强学习的动机和成就感。

第10章 让学生与真实受众建立联系

参与 join	连接 link up	联合 unify	召集 convene
聚集 gather	结盟 league	融合 fuse	

在充满活力的教室中，学生们通常都在专注地投入学习，这些课堂往往有一个共同点：学生们都拥有明确的学习目标。他们清楚自己的方向，并知道如何达成这些目标。这一现象在基础教育各个阶段均有普适性：在小学1年级课堂上，学生可能正在为他们撰写的叙事故事设计封面，以便与家庭成员分享。在8年级的课堂上，学生可能正在制作带有公益服务公告（PSA）的海报，计划与当地社区服务机构共享。

在规划课程或活动时，教师需要考虑多个因素，包括教学支架的构建、支持措施的制定以及形成性评估的整合。确立清晰的教学目标，将这些目标传达给学生，并实现师生间的有效沟通是至关重要的。一种有效的方法是将学生的学习体验及其创作成果与相关且真实的受众联系起来。在其他章节中，如本书第7章探讨的学生创作实践，以及第9章提到的校内外成果展示机制，均为该理念的具体实践。本章将重点讨论如何为学生设定学习目标，并将这些目标与真实世界的需求相结合，以确保学生的学习具有明确的目的性和现实意义。这不仅有助于将学生与受众连接起来，还能为他们的学习赋予更深远的意义。

为何这至关重要

当学习内容与学生产生关联时，他们能够明确理解其意义，并将其视为有价值的投入。具有相关性的学习任务不仅符合学生兴趣，更与其现实情境紧密相连。在《相关课堂：促进现实世界学习的6步教学法》(*The Relevant Classroom: 6 Steps to Foster Real-World Learning*)一书中，教育研究者埃里克·哈迪(Eric Hardie)强调：确保学习内容的关联性和真实性至关重要。哈迪指出："每所教育机构都具备必要资源——关键在于真正倾听学生诉求并赋权给学生让他们自己主导其学习过程。"建立内容关联性的核心策略之一，就是将学习成果与特定受众建立连接。哈迪提出的6步教学法中，第4步"建立学生作品与社区的连接"特别强调构建真实受众群体的必要性。

在当今数字化时代，线上分享日益普及。在数字技术主导的现代教育生态中，构建学生作品与受众的连接也具有前所未有的重要性。当代学生普遍具备数字内容共享意识，部分学生甚至展现出成为专业内容生产者的潜质。数字营销机构对内容创作者的定义具有参考价值：内容创作者指通过生产教育性或娱乐性数字内容，精准对接目标受众需求的专业人士。他们的创作形态涵盖博客、视频、电子书、图像及信息图表等多元化形式，目前已被企业广泛运用于客户关系维护与品牌建设。

数字原住民学生通常能列举多个他们喜爱的内容创作者。高中生可能关注知名播客主或短视频平台的热门创作者，小学生则可能非常熟悉特定的视频频道。需明确的是，本章并非探讨如何培养社交媒体网红，而是强调在数字环境中，学生已具备观察分析内容创作者如何建立受众连接的认知基础。学生期待其作品获得关注与认可，他们期望自己的创作能够被观看和赞赏，拥有一个真实的受众群体正是实现这一诉求的关键。教育心理学家鲍勃·苏洛（Bob Sullo）在《主动学习者：唤醒学习热情》（*The Motivated Student: Unlocking the Enthusiasm for Learning*）中指出，我们与生俱来有着强烈的社交需求，并将“与他人建立联系”列为基本需求之首。教育工作者亟需在数字时代有效地回应这一需求，而技术工具恰好能够促进与真实关联受众的深度互动，从而增强学生的参与感和成就感。

利用生成式人工智能进行潜在受众构思

为学生项目完成定位并引入合适的受众可能是一项具有挑战性的任务。无论你是初次接触这一概念，还是在寻找新的创意，使用聊天机器人进行头脑风暴往往比传统的搜索引擎查询更为高效。以下是你可以尝试的几个提示，以借助聊天机器人的提示构思潜在受众，并将学生与其联系起来：

- 我的学生正在研究[主题]并将创作[项目]。哪些[领域]的专家可以作为他们作品的受众?
- 我希望设计一个引人入胜的项目，帮助[年级]的学生深入了解[主题]。请提供一些包含明确[受众]的想法给我。
- 我正在寻找一种创新的方式分享学生已完成的[项目]。我们已经计划将项目分享给现有[受众]。还有哪些其他类型的受众可以与学生建立联系?

以受众为导向的教学设计

为了使学生真正感受到某个学习体验的相关性，他们需要在某种程度上与主题建立联系。学生应当能够理解学习该主题不仅在课堂环境中至关重要，在更广泛的社会背景下也同样具有重要意义。道格拉斯·费希尔和南希·弗雷在其著作《目标明确的课堂：如何以学习目标为导向设计课程》（*The Purposeful Classroom: How to Structure Lessons with Learning Goals in Mind*）中指出："学习的目的必须让学生能够理解并用自己的语言解释其重要性。"在规划学生的学习体验时，教育工作者可以从最终成果出发，为学生的作品确定一个真实的受众。

国际教育技术协会（ISTE）教师标准指标2.5.b"设计真实学习活动"强调了为学生创作成果设定真实受众的重要性。该指标指出："应设计与学科标准相契合的真实学习活动，并充分利用数字工具和资源，以最大限度地促进学生的主动性和深度学习。"

在小学课堂上，教师可以在开启海洋生态系统单元教学时，在课程导入阶段预先告知学生本月末将实施的实践项目。教师可以分享某个水族馆的官方网站资源，虽然由于距离过远，学生们无法实地考察，但可安排馆内海洋生物学家通过在线视频会议参与教学。在单元一开始时，教师就可以向学生说明：这位专家将出席在虚拟会议平台上举办的电子书创作成果展，这些电子书将由学生的动物研究项目的阶段性成果组成。

在初中课堂上，教师可以在几何单元教学一开始，向学生介绍他们将参与的播客项目。教师需要先明确每两人小组需制作一期5分钟的播客节目，探讨几何学如何以意想不到的方式影响他们的日常生活。在单元开始时，教师即可与异地（跨州或跨国）正学习同课题的班级建立学习共同体，通过交换播客节目，聆听彼此的作品，实现跨区域学术交流，使学生在聆听同伴作品过程中深化几何知识，顺便拓展视野并促进跨文化理解。

在高中课堂上，教师可以通过介绍一个公民参与单元的短视频项目来开启课程，该项目将在接下来的几周内完成。教师可以展示几个旨在鼓励社区成员在即将到来的选举中投票的30秒视频片段示例。学生们可以制作简短的片段或竖屏视频，这些短视频作品将在社区中心的电子屏幕上循环播放，以提高学生的公众意识和参与度。

在下一章中，我们将探讨可迁移技能及其与计算思维和计算机科学的联系。如果教师在课堂上侧重于计算机科学或编程主题，可以引导学生创建应用程序，解决学校或当地社区中的实际问题。例如，设计餐厅厨余回收监测系统，或构建交通流量分析程序。学生可以开发具有明确目标和满足特定用户需求的应用程序，并与当地受众建立联系，从而提升学习的实际应用价值，促进学习成果的现实转化。

社会公平正义与采取行动

为确保学生作品的受众具有现实相关性，教师需要找到能够与学生的生活经验产生实质联结的受众群体。教师可以通过设计与社会公平正义议题相联结的学习项目实现这一目标。即使课程大纲未明确包含相关内容，但教育工作者可选择将社会实践纳入教学设计框架，既能为学生创造真实学习体验，亦可对接第5章提到的社会情感学习目标。

在小学课堂上，教育工作者可以实施“多元文化认知”项目。学生通过研读赞美多样性的主题读物以及探讨社会偏见现象来增强社会意识，他们可以选择一本书制作成图书推介视频重点介绍，向平行班级的同龄人进行跨班推广。教师可以指导学生生成视频二维码，将其打印在贴纸上，并将其整合到学校图书馆的互动公告板上，实现作品的持续性展示与传播，扩大影响力。

在初中课堂上，学生可以采访社区成员，让受访者分享他们的生活经历。例如，教师可以引导学生提出诸如“你生活中有什么事情会让别人感到惊讶？”或“你在我这个年纪时面临的最大挑战是什么？”等问题。这些问题还可以与特定历史时期的社区成员经历相联系。学生可以录制这些访谈，制作成播客，在公共平台上分享，并在学校或学区网站上推广，或者与当地的历史学会等机构合作，使其成为作品的另一受众。

在高中课堂上，学生可以阅读一系列新闻文章，选择一个社会正义主题进行深入研究。他们可以使用自己拍摄的照片或从在线资源中精选的照片来制作幻灯片或图片故事。展示内容可以包含相关链接，以便观众能够进一步了解该主题。虽然学生可能会在班级内部与同学分享他们的成果，但教师可以帮助他们扩大受众，将他们与关注相关议题的社会组织建立联系，从而提升项目的社会影响力。

创作的3类核心目的：说服、娱乐、告知

读者应当能够理解作者创作某一特定作品的初衷。我们通常将这种探索称为解读作者意图。英语语言艺术教师在教学过程中，常常会引导学生了解不同类型的写作，并探讨作者在创作文本时的目的，无论是为了说服、娱乐还是告知读者。

> 国际教育技术协会（ISTE）学生标准指标1.6.d“定制信息”强调了理解与受众分享意图的重要性。该标准指出：“学生应发布或展示针对预期受众量身定制的内容，确保信息和媒介符合受众的需求和期望。”

创作的核心目标可分为3类：说服、娱乐与告知。尽管这些主要类别存在细微差别，但理解其本质有助于设计学习活动，使学生能够与真实且相关的受众建立联系。

说服类作品旨在改变或影响观众、读者或听众的观点。公共服务公告、社论、商业广告或宣传材料都属于这一类别。此类学生作品的受众应是关注该问题、受该主题影响且愿意改变想法的个人或群体。因此，如果学生创作具有说服力的作品，他们的受众应是能够被其论点说服的群体。以下是不同学科和年级的说服性作品示例：

- 小学低年级英语语言艺术：通过短视频的形式展示某本你推荐书籍的精彩片段，说服同学阅读。

- 小学高年级社会研究：就家庭作业政策等紧迫问题写一封致校长的建议信。
- 初中数学：制作一段视频详细介绍你使用某一特定算法解决问题的步骤，并说明为何该解题思路比其他选项更有优越性。
- 高中科学：录制一期辩论类播客，其中两名学生就某一话题展开辩论，试图说服听众认同他们的观点。

娱乐类作品旨在为观众提供价值，同时让学生应用与该单元或活动学术目标相关的技能。此类作品可能包括创意写作项目或多媒体演示。学生可能会制作一段重现历史著名时刻的短视频，或者创作一首受某部小说启发的歌曲。这种作品往往能引发观众的情感反应，如欢笑或感动。以下是不同学科和年级的娱乐类作品示例：

- 小学低年级科学：创作一首关于学生最喜爱季节的诗，附有插图。
- 小学高年级数学：设计一个包含两个角色试图解决棘手数学问题的连环漫画，配有说明文字和对话。
- 初中社会研究：编排一个短剧，详细描述一位历史名人的日常生活，并做好配乐。
- 高中英语语言艺术：写一首与创意写作作品相配的歌曲，包括使用与作品基调相契合的乐器。

告知类作品旨在向受众介绍某个主题，可能包括解释或教程。在数字空间中，学生可以创建信息图表、互动演示文稿以及对其学习内容的总结。明确受众有助于在创作过程中为学生提供指导，尤其是在选择适合该特定群体的媒体格式方面。你可以分享演讲类视频和时事新闻文章给他们。以下是不同学科和年级的告知类作品示例：

第165期

为学生作品打造真实受众

教育技术专家詹妮弗·霍尔（Jennifer Hall）做客我的《轻松教育技术》播客，与我探讨了学生如何与真实受众分享其创作成果。

学生项目小贴士

- 首先，选择一个即将到来的项目。
- 其次，确定一个小的或大的受众群体。
- 再次，在你的学校社区中寻找受众。
- 最后，鼓励学生分享他们的作品。

- 小学低年级社会研究：编写一本声情并茂的班级图书，讲述某一个社区成员的日常一天，包括音频和文字。
- 小学高年级英语语言艺术：搭建一个高兴趣主题研究网站并标注引用来源，可借助在线图文设计应用。
- 中学科学：制作一张关于某种动物及其栖息地的可视化图表，包含数据点和图标，可以用“可画”来制作。
- 高中数学：编写一份特定数学题目类型解题思路的分步指南，附带提示、图片或例题，可用演示工具制作。

为日常学习活动创造受众

在第9章中，我们探讨了让学生分享其作品的日常活动，包括单元结束时的总结性项目。那么，在一个单元的学习过程中，或在那些我们认为值得庆祝的“日常”时刻，学生的受众具体都有哪些呢？同学和家人是日常学习的天然受众，但他们并非唯一能够支持学生并评价其作品的群体。当小型学习活动准备好分享时，还有其他潜在的受众可以参与。

为日常学习寻找受众的方式多种多样。例如，可以通过社交媒体发布学生作品的合集，并标记对该主题感兴趣的组织。假设学生正在研究国家象征，你可以在社交媒体平台上发布学生离校时的反馈，附上他们学到的关于自由女神像的事实，并提及官方账号（@某某账号），与自由女神像国家纪念碑和埃利斯岛移民博物馆的国家公园管理局取得联系。另一个选择是邀请某领域的专家参加班级视频会议，让学生分享他们准备好的问题。此外，还可以联系学科专家，给予他们在班级共享平台上查看学生提交内容的权限。专家可以观看学生发布的短视频，并录制简短反馈。需要注意的是，在教室之外可访问的在线空间中发布学生作品、图像或视频，必须事先获得相关许可。

让学习变得更具有相关性

除了确定高兴趣主题并让学生的作品面向特定受众之外，教师还可以通过鼓励学生从他们所接触的媒体产品中汲取灵感，使学习体验更加贴近他们的实际生活。正如本书前两章所述，我们将学生既视为在线空间导航者，也看做内容消费者。当学生创作的内容与他们在网络上所消费的内容相呼应时，他们的作品将因其与数字空间探索经历的深度关联而更具价值。

这种做法在实际操作中具体表现为：教师可以采用热门媒体为创作者提供的功能，而无需打开应用程序或深入讨论平台本身。例如，你可以要求学生参照社交媒体上常见的30秒或45秒教程视频的快节奏模板，制作一份实验室安全操作的快速分步指南。或者，你可以要求学生分享关于某个历史时期的知识点，并让每个事实跟随流行歌曲的节拍有节奏地在屏幕上弹出。

如果你不熟悉学生经常使用的媒体平台，你可以通过搜索这些平台上的热门话题标签（#）来获取灵感。此外，你也可以建立学生提案机制，特别是对于中学阶段的学生，让他们开放讨论，听取他们如何将自己所接触到的内容创作策略应用到课堂项目中的想法。当然，分享这类产品的实例非常重要，不能想当然地认为所有学生都有相同的媒体消费习惯。系统性地展示不同媒体消费模式下的作品样例，破除“学生媒体习惯同质化”的认知误区。

尽管小学低年级的学生可能不会在社交媒体上接触到爆款内容，但他们很可能在课堂和家中观看过配乐动画视频、朗读书籍的视频以及其他多媒体格式的教育内容（比如互动教学课件）。如前所述，让内容创作机会与学生相关的一个有效方法是模仿他们所消费的内容类型。例如，如果你教的小学生习惯观看作家朗读或专业人士解读书籍的视频，你可以引导他们制作自己的“小书评人”的视频，让他们重点指出书中的重要情节或插图细节，就像他们看到的那样。

本章思考

将学生与受众联系起来是一种有意为之的策略，它为学习设定了明确的目标，并引导学生将他们的作品视为真实且有意义的。参与相关学习体验的学生会看到将时间投入到课堂任务中的价值。通过为学生确定受众并将其与受众联系起来，可以增强学生的责任感，并为课堂学习设定清晰的目标。如果你在确定学生创作的理想受众时遇到困难，可以借助生成式人工智能工具（如聊天机器人）来集思广益。无论新的学习体验是大是小，在开始时都应设定分享学生作品给更广泛受众的意图。

第11章 在不同的数字空间中迁移技能

转移 shift	移动 move	迁移 relocate	重新分配 reassign
移交 hand over	重新分发 redistribute		

教育技术领域令人兴奋且充满挑战的一个方面在于数字空间的不断演变。新技术随时可能涌现，带来新的操作界面和在线互动方式。这一现实不应使我们感到束手无策或放弃希望，相反，它提出了一个至关重要且亟待解决的问题。随着包括人工智能工具在内的新技术不断涌现，可迁移技能如今比以往任何时候都更为关键。

本书前面提到过“我们不知道自己不知道什么”这句话，在这里同样适用。第5章探讨了探索虚拟空间及通过提问来了解世界的方法。在本章中，我们将讨论如何帮助学生培养解决问题的独立性和自主性，并在需要时寻求帮助。其中包括引导学生进行逻辑思考、做出预测，并将某一领域的知识应用到相关情境中。

学生需要培养能够在不同数字平台间迁移的技能，以应对并接纳任何新的技术发展——包括那些目前看似遥不可及的技术。随着人工智能工具的广泛采用以及生成式人工智能融入我们的工作流程，这一切进一步凸显了所有人（包括学生）都需要具备足够的信心和能力去适应不断变化的技术环境。

在本章中，我们将探讨一系列策略，旨在帮助学生培养可迁移技能，以便他们在面对新的平台、产品或数字体验（如人工智能）时能够顺利应对并取得成功。

为何这至关重要

当你帮助学生培养可迁移的技能时，实际上是在为他们应对未来未知情境做准备。具备独立性和适应能力的学生，能够掌握故障排除的方法，并识别数字空间中的逻辑和模式，从而拥有一套适用于多种不同情境的技能。培养可迁移技能的目标是使学生不仅能够适应当前的在线环境，还能在未来不断变化的数字空间中游刃有余，即使我们尚无法预见这些空间的具体形态。

在《教学生驾驭自己的大脑》（*Teaching Students to Drive Their Brains*）一书中，唐娜·威尔逊（Donna Wilson）和马库斯·康耶斯（Marcus Conyers）指出：无论学生的志向将他们引向何方，成为创造性的问题解决者、分析性思考者、有效的沟通者和合作者都将使他们受益匪浅。我们能够教授学生最宝贵且最通用的技能包括：反思自己的学习过程；意识到影响其智力表现的因素；掌握何时、何地、为何以及如何使用特定的认知策略；监控和调整自己完成学习任务的表现。

培养学生的独立性和自主性

在思考如何培养独立学习者时，可以借鉴苏格拉底式对话等教学方法。虽然直接回答学生的问题看似更简单，但选择这种短期解决方案可能会错失长期的教育效益。相反，通过提出后续问题引导学生自己寻找答案，可以帮助他们逐步掌握解决问题的能力。尽管这种方法需要更多的耐心和时间，但从长远来看，它能显著提升学生的自主学习能力。当学生在数字空间中探索时，你可以提出一系列问题，引导他们逐步找到答案。以下是一些有助于引导学生找到问题答案并培养其独立思考能力的问题示例：

- 你认为这种情况为什么会发生？
- 我们还可以尝试哪些策略或方法？
- 如果我们不确定该怎么做，可以去哪里寻求帮助？
- 让我们搜索一下。如果在网上查找答案，我们需要使用哪些关键词？
- 是否有讨论论坛或支持小组可以提供帮助？
- 谁可能能够帮助我们找到解决方案？
- 如果我们想向聊天机器人寻求帮助，什么样的提示能帮助我们找到解决方案？

自主学习

如果你曾经为了完成学业而需要额外修读大学学分，或者在高中或大学时对某个特定主题感兴趣却未找到相关课程，“自主学习”这一概念可能会引起你的共鸣。该学习模式为学生提供了探索传统课程体系未覆盖的兴趣领域的机会，此外，它还帮助学生在与高兴趣主题相关的技术领域中培养可迁移技能。

与常规课堂活动、传统学年集体参与的项目有所不同，自主学习具有显著的个性化特征。例如，参与自主学习的学生可能会制作幻灯片来展示他们个人科学实验的步骤，或自主选择超出教师专业领域的数字工具进行创作。这种自我导向的学习方式强调学习者的主体性。

在中学或高中教室里，自主学习可能表现为多种形式。例如，有学生创建网站展示自创时装的设计手稿，也有学生构建自创汽车零部件的3D模型。当教师缺乏网站建设或三维建模的专业知识时，那么给予学生的支持重点应转向在线学习策略指导。比如，你可以教他们如何筛选与评估在线课程，如何在视频网站上搜索高评分或近期发布的视频，以及如何通过支持论坛和搜索引擎精准地获取常见问题或者特定问题的答案，开展相关能力培养。

尽管强调自主性和灵活性，学生进行自主学习项目时，教师仍需向他们提供清晰的结构框架与评估标准。学生可通过师生互评、同伴反馈等机制获得指导，并参与项目管理、时间管理等普适性主题的集体研讨，这些主题可以帮助他们促进专业领域知识的应用转化。

对于需要更多支持的学生，包括小学生，你可以在为学生设计学习项目时刻意融入一些自主学习的原则。例如，你可以给予学生更多选择，让他们自行决定完成总结性项目的工具类型，或者你可以编制或分享新工具操作指引指南给他们，帮助他们逐步掌握新工具的使用方法。在小学课堂上，你需要在提供支持和鼓励学生独立解决问题之间找到平衡。每个学生都是独一无二的，你要确保在鼓励他们自行探索问题答案或按照自己的节奏进行个性化学习时，他们不会感到沮丧或不知所措。

培养小学生独立性和自主性可借助多种教学资源，制作包含带有课堂常用工具截图的锚图，或张贴出特定在线空间的参考指南。例如，为通过学习内容管理系统提交数学课作业的1年级学生设计可视化操作流程图。当学生忘记操作步骤时，教师可通过引导帮助他们查阅锚图，而不是直接告诉他们接下来要按哪一个按钮，你可以在学生每次查阅时，重点解析图示与步骤的对应关系，从而有效提升低龄学生的数字工具使用自主性，最终逐步培养其独立性以及通过参考资料解决问题的元认知能力。

问题解决策略示范模型

在第1章中，我们探讨了通过模拟在线搜索过程来帮助学生理解如何在数字环境中进行信息导航。同样地，我们可以采用类似的方法来示范如何找到问题的解决方案，例如在代数课上展示逻辑推理的应用，或在英语语言艺术课堂上解释新词汇的意义。这种方法有助于学生培养和强化技术自主性和问题解决能力。

将这一方法融入教学实践的一个有效途径是在遇到技术问题时进行出声思考。例如，当无线网络连接中断或程序未能按预期加载时，教师可以一边实时排查故障一边为学生创造一个教学时刻。此外，当突然发生了需要面对的意外情况时，教师可以邀请学生分享和提出可能的应对方案并实施验证，并按照学生的建议进行操作，即使教师已经知道解决方案，也可以借此机会让学生参与进来。

这些即时的教学时刻并不是教师示范问题解决技能的唯一时机，这种参与式学习能显著提高学生的实践参与度。此类教学示范不应局限于偶发事件，正如在向4年级学生演示科学实验步骤时进行出声思考一样，教师可以在日常教学中刻意安排一些小的问题解决场景。以下是一些具体示例：

- 当需要查找诸如“这本书的作者是谁？”“这场战役发生在哪一年？”之类的信息时，展示如何使用搜索引擎输入关键词进行搜索，并从权威出版物或机构提供的结果中选择可靠信息。
- 当需要寻找另一种解释策略时，展示如何利用视频网站尝试不同的搜索词以找到有帮助的教学视频。
- 当难以简洁表达某个概念时，展示如何借助智能助手或聊天机器人将复杂概念分解为更易理解的语言。
- 当不确定如何找到完成任务的功能按钮时，展示如何根据其他工具的经验进行推测，例如，“通常保存按钮位于菜单附近”，或者“在文档编辑中我使用Ctrl+C快捷键复制内容，这里或许也适用”。

像开发者一样思考

应用程序开发者被定义为“专门从事移动应用程序开发的开发者……与设计师、项目经理和其他开发者团队协作，共同打造满足目标受众需求的应用程序。这包括理解应用程序的需求、设计用户界面和用户体验、开发应用程序的功能以及测试应用程序以确保其正常运行”。当学生以开发者的视角思考时，他们不再局限于普通用户的体验，他们不仅仅是参与者，更是体验创造者。

就像学生在扮演创造者的角色时能成为更聪明的消费者一样，当学生像开发者一样思考时，他们也能锻炼可迁移的技能。其核心目标是让学生主动思考设计和导航决策，这样他们就能更高效地操作数字界面，并依据先前数字空间中其他平台的经验预判新的在线体验会以什么样的模式呈现。

当学生戴上他们的“开发者思维帽”时，他们就可以围绕工具使用体验展开深度对话。以下是一些示例问题，你可以针对不同的学生群体进行调整，激发出他们的开发者视角，并鼓励他们像开发者一样思考：

- 为什么这个按钮在屏幕的右上角？
- 这让你联想到哪些其他工具？
- 如果我需要帮助，应该去哪里？
- 这个网站的菜单结构是如何布局的？
- 开发者为什么决定加入这个功能？

帮助学生像开发者一样思考的一种方法是让学生自主创作。虽然在课堂上可能不会让他们开发应用程序或编写网站代码，但你可以让学生在创作任何类型的作品时，“以用户视角思考”。

在第10章中，我们讨论了将学生作品与相关且真实的受众联系起来的重要性。这样做能赋予他们目标感，并展示课堂知识如何与校外世界接轨。理

第82期

在幼儿课堂中培养科技素养

幼儿教育专家帕娜·阿萨瓦瓦塔纳（Pana Asavavatana）分享了她在幼儿课堂中运用技术的教学策略。帕娜详细介绍了她如何利用学习内容管理系统和数字图书制作工具，通过图标教学来提升学生的科技素养。你将了解到她是如何通过图标教授幼儿技术流利度的，以及她最喜欢的一些工具。

如何用图标教授技术流利度

- 明确使用技术的目标。
- 确定要向学生指出哪些图标。
- 提出问题帮助他们找到答案。
- 留出时间让他们练习这些技能。

反思与规划问题

- 我多久给学生一次关于如何使用工具或解决问题的答案?
- 在提供支持或指导之前，我是否给学生机会自行排除故障?
- 学生是否觉得向朋友提问或使用像浏览器或视频平台这样的辅助资源很自在?
- 我是否在今天课程的计划中加入了“出声思考”的环节?
- 当课堂上出现即时可教的时刻时，我是否加以利用?
- 除了提供解决方案，我还能问哪些问题来引导学生找到答案?

解并确定受众需求似乎是创作过程中的核心环节，这同样是你与学生创作者讨论时应包含的内容。例如，学生在为书籍预告片选择音乐时可能会“像他们的受众一样思考”，因为他们需要考虑选择哪一种配乐可以帮助观众更好地感知到书中的情绪与主题，你还可以让学生在创作时考虑受众的其他方面，比如受众的年龄、兴趣和文化背景。通过这种方式，学生能够更好地理解受众的需求，并创作出更符合受众期望的作品。设计在线作品集或电子书时，你可以引导学生反思自身使用数字工具的经验，进而思考如何为访问者营造优质体验。

通过这种方式，学生不仅能输出作品，更能建立系统化的用户思维，在实践中体会设计与受众需求的紧密关联。

掌握故障排除技能

人们会提出一些本可以通过简单搜索就能找到答案的问题。为了培养学生的独立性，使他们能够在有或无教师支持的情况下，自主寻找关于使用数字工具问题的答案，以下是一些可以建议学生自问的问题，以帮助他们进行有效的故障排除：

- 在遇到类似问题时，我过去是如何处理的？
- 我是否首先尝试了简单的解决方案，例如重启设备或刷新网页？
- 接下来我可以采取哪两种措施，我会优先尝试哪一种？
- 我是否有熟悉这方面知识的同学或朋友？我可以向他们寻求帮助吗？
- 是否有这方面的专家？他们是否有文化社区或网站提供的相关解答？

故障排除不仅需要创造性思维，还需要将已有的知识和技能应用到新的环境中。这一过程有助于学生在不同数字平台之间转换时，掌握所需的可迁移技能。

第224期

教育技术教练黛比·坦嫩鲍姆（Debbie Tannenbaum）来我的播客作客，我们展开了一场发人深省的对话，探讨了图标素养对于成功驾驭数字学习环境的重要性。我们分享了一些实用策略，包括如何向学生介绍图标，以增强他们的能力，并在他们的教育旅程中培养强烈的自主意识。

教授图标素养的小贴士

- 与学生分享图标时设定目标。
- 将其与开放式创作工具建立联系。
- 在学年中为学生树立榜样。

培养学生的适应能力

具备可迁移技能的学生在从一个在线平台转换到另一个平台时能够灵活应对变化。如果他们打开一个已经使用了一年的程序，发现它在一夜之间进行了重大更新，他们知道如何利用过去的经验来解决问题。当学生首次使用一个全新的工具时，他们可以运用在其他数字环境中积累的知识，并将其应用到新的体验中。

以下是一些示范语言，帮助学生在新环境中培养适应能力：

回顾ISTE标准的计算思维素养

教育工作者通过培养对计算思维及其作为跨学科技能的应用的理解，不断改进自己的教学实践。教育工作者掌握计算思维的核心要素，例如分解、收集和分析数据、抽象、算法设计以及计算对人和社会的影响等方面的工作知识。

- 制定专业学习目标：制定专业学习目标，探索并应用将计算机思维实践融入学习活动的教学策略，以促进学生对学术学科和计算机科学概念的学习。
- 学习如何及何时使用计算：学会识别在何处以及如何使用计算来丰富数据或内容以解决特定学科的问题，并能够将这些机会与基础的计算思维实践和计算机科学概念相联系。
- 利用计算思维专家和资源：利用计算思维和计算机科学专家、资源以及专业学习网络，持续改进在各学科领域中融合计算思维的实践。
- 培养成长型思维：在接触计算机科学和计算机技术的学习体验时，培养韧性与毅力，适应模糊性和开放性问题，将失败视为学习和创新的机会。
- 认识到计算技术的不平等与机遇：认识到计算技术与社会如何相互作用，为个人和组织创造机遇、不平等、责任和威胁。

- 这可能是……
- 这让我联想到……
- 这个位置应该是……
- 这与……相似
- 我推测这个按钮的功能是……
- 我以前见过类似的设计……
- 我想知道这个按钮是否……
- 虽然我以前从未见过这个功能，但我猜测……

除了通过这些句式进行示范外，教师还应留意学生在探索新环境时使用的语言。在一对一的谈话和全班讨论中，教师可以通过识别学生如何将过去的经验联系起来，并认可这些策略，进一步强化他们的适应能力。例如，教师可以说：“我注意到你……”或“我很高兴看到你记得这与……有关”。

国际教育技术协会（ISTE）学生标准指标1.5对计算思维者的描述如下：“学生发

展并运用策略来理解并解决问题，利用技术方法的力量来开发和测试解决方案。”ISTE学生标准指标1.5.c“分解问题”指出：“学生将问题分解为组成部分，提取关键信息并开发描述性模型，以理解复杂系统或促进问题解决。”

许多基础学科中均包含与模式识别相关的知识，这些技能在初中和高中课堂上同样具有重要应用。学生在解决数学问题时会寻找模式并运用算法；在生物课上研究海洋生物或学习岩石循环时也会进行模式识别。帮助学生培养可迁移技能的一个重要方面是理解如何识别与计算思维相关的关键教学内容。

国际教育技术协会（ISTE）学生标准指标1.5.d“算法思维”涉及使用和不使用数字工具进行工作的概念。该指标指出：“学生应理解自动化的工作原理，并运用算法思维设计一系列步骤，以创建和测试自动化解决方案。”

为了在多种情境中有效运用技能，学生必须以积极的心态面对新挑战，对自己已掌握的知识充满信心，并将其视为进一步学习和发展的坚实基础。你所在的学校可能已经设立了

借助聊天机器人建立联系

对于在计算思维和计算机科学标准方面经验有限的教育工作者而言，教授这些内容可能会感到颇具挑战性。一种有效的解决方法是利用聊天机器人，帮助将现有的教学内容与计算机科学技能或概念建立联系。你可以在人工智能工具中自定义并尝试以下提示：“请帮我分析计算机科学技能（例如[具体示例]）与我本周教学内容之间的关联。”

第66期

在你探索解决问题的策略以及计算思维在课堂中的作用时，你可能想要收听我在《轻松教育技术》播客中与豪尔赫·瓦伦苏埃拉（Jorge Valenzuela）的对话。豪尔赫是《激发机器人技术》一书的作者，他分享了如何在各种学科融入计算思维。

如何在每一门学科中培养计算思维

- 确定你内容领域的关联，比如模式或预测。
- 考虑既适合使用技术又不使用技术的关联。
- 问问自己：如何能让我的学生像计算机一样进行逻辑思考？
- 与同事分享你的经验，并一起集思广益设计新活动。

计算机科学课程，或者计划将计算机科学技能融入日常教学中。即使没有专门的计算机科学课程，这些理念仍然可以应用于各个年龄段的学生在各学科领域的日常学习中。

本章思考

随着人工智能，尤其是生成式人工智能成为众多教育工作者关注的焦点，我们可以将学生和教育工作者已具备的技能与这些不断发展的领域相连接。从掌握在线搜索技巧到评估信息来源，学生和教育工作者可以将过去10年中培养的基础技能应用于新一代生成式人工智能平台。对于学生而言，培养可迁移技能至关重要，这使他们能够将所学技能应用于各种数字环境。当学生回顾其与特定教育技术工具的互动时，应鼓励他们留意不同设备和平台之间的异同，并在真实的数字空间中练习解决问题和批判性思维。这些学习体验不仅能够提升学生的自主能力，更能确保将其在单一场景下习得的技能迁移到多元数字场景。通过发展可迁移技能，学生能够适应持续变革与发展的数字化生态。

第12章

规划技术丰富型学习体验

安排 arrange	策划 strategize	设计 design	编程 program
绘制地图 map	组织 organize		

在前11章中，我们深入探讨了教育技术的关键概念，以确保能够充分利用数字工具提升教学和学习效果。本章作为最后一章，重点聚焦于规划——具体而言，是针对课堂内外多种教学模式的系统规划。在这一章中，我们将通过7个核心领域探讨如何设计技术丰富型学习体验：(1)制定教育技术愿景与使命宣言；(2)识别"可技术化"的教学时刻；(3)构建教育技术工具库；(4)为教学模式的转变做好准备；(5)解决公平性和可及性问题；(6)强调媒体素养和数字公民意识的重要性；(7)以人工智能思维进行规划。

为何这至关重要

各年级各类学科的教师都能认同，在每一个学习环境中，制定计划都是必不可少的。尽管不同学科领域的计划形式可能有所不同，但核心理念是一致的。正如吉尼·坎宁安（Gini Cunningham）在《新教师指南》（*The New Teacher's Companion*）中所言："全面的计划增加了课程顺利进行的可能性，从而使学生能够接受高质量的教学。提前做好规划，你每天都能有备无患。"我们知道，为日常课程、学习单元以及个别干预措施制定计划是至关重要的。在技术丰富的课堂中，为技术整合制定计划以及了解如何在教学模式发生变化时调整计划，对于取得成功同样至关重要。

过去10年间，我在与教育工作者的交流中一直使用"教学任务优先于应用程序"这一表述。它已成为我词汇表中的核心部分，以至于我还将其用作与ASCD合作出版的第一本书的书名。将任务置于应用之前意味着将学习置于课堂的中心位置。一段视频或一个新的数字工具或许能吸引学生的注意力，但重要的是要确保它能服务于特定的学习目标或任务，增强你为学生设计的学习体验。

制定教育技术愿景和使命宣言

大多数学校都已确立了对未来的愿景，并制定了与之相辅相成的使命宣言。约翰·加布里埃尔（John Gabriel）和保罗·法默（Paul Farmer）在《如何让学校蓬勃发展而不破产》（*How to Help Your School Thrive Without Breaking the Bank*）一书中指出：

制定强有力的愿景和使命宣言有助于学校中的利益相关者达成共识。愿景是学校的目标，即你希望学校在未来达到的状态；使命则概述了为实现这一目标所计划采取的具体步骤。愿景应简洁明了，易于记忆，而使命则更为详尽，具有解释性。

审慎的技术整合可能已经是你学校或学区使命的一部分，或者你可能会在今年与团队合作，进一步完善关于利用技术支持教学和学习的愿景和使命。我不会提供一个填空式的模板，而是提出几个问题供你思考，以帮助你围绕教育技术制定愿景（目标）和使命（具体步骤）：

- 你认为为什么技术在课堂上有一席之地？
- 你认为技术永远无法取代什么？
- 教育技术能带来哪些价值？
- 当今技术对学生有何影响？未来又将如何影响学生？
- 数字素养和数字公民技能如何让学生为当下的在线互动做好准备，并为未来上大学和职业生涯打下基础？

你可以将这些问题以及“使命宣言活动”带到学校的教师团队中，例如年级组或部门团队。这些问题也可以作为与导师、被指导者、家庭、学生及社区成员讨论贵组织使用技术目标的焦点。这项活动的结果可能不会是一段书面文字，而是一个促进对在课堂、学校或学区使用数字工具的目的进行更深入思考的机会。它可以帮助指导你的采购决策、专业发展目标，并确保整个学校社区共同致力于有目的地使用技术。

国际教育技术协会（ISTE）教育领导者标准指标3.2.a“创建共

同愿景”指出：“与教育利益相关者合作，制定并采纳以学习科学为依据的共同愿景，旨在利用技术提升学生成绩。”ISTE教师标准指标2.2.a“推进共同愿景”呼吁教育工作者将理念付诸实践。其内容为：“通过与教育利益相关者合作，塑造、推进并加速利用技术实现赋能学习的共同愿景。”

识别“技术教学契机”

作为一名专业发展促进者，我经常与团队和个别教师合作，共同审视未来的教学目标。我们可能会一起拆解即将到来的单元，以明确其核心目标，或深入分析某一具体课程及其组成部分。许多教师对“技术教学契机”这一概念并不陌生，该术语在本书前面章节中多次提及。“教学契机”指的是在课程或活动中出现的意外时刻，此时有机会暂停或稍作偏离，以应对突发的教学需求，而不是忽略这些需求或将它们留待日后处理。

“技术教学契机”是这一理念的延伸，旨在通过审视课程、活动或学习单元，识别出可以利用技术增强学生学习体验的关键时刻。这些技术契机的核心在于如何运用技术手段解决特定的教学目标和障碍，包括为学生提供差异化教学、增加获取内容的途径、提升参与度和积极性、促进形成性评估以及拓展学习体验。

这种增强可能体现在以下几个方面，以下问题可以帮助你做出决策：

- 我能否利用数字资源（如解释视频、专家播客访谈、虚拟现实体验）来构建学生的背景知识？
- 数字工具的特定功能（如语音转文字、音频录制、视频回复）是否能更方便学生分享他们的学习成果？

- 我能否采用适合技术的教学策略（如投票、注释、快速回答问题）来更高效地检查学生的理解情况？
- 是否有办法（如虚拟实地考察、与合作班级在线互动）以过去无法实现的方式拓展这堂课？

打造你的教育技术工具包

在本书中，我介绍了很多种教育技术工具。需要说明的是，我的目的并非让你应接不暇、感到信息过载，也不是主张每个课堂和每位教师都必须使用所有这些工具——甚至超过其中的半数工具——才能取得成功。实际上，情况恰恰相反。教育工作者需要拥有一套核心工具，可以在各种情境中反复使用。虽然你可以定期向学生介绍新的资源或工具，但拥有一个核心工具包是至关重要的。在课堂上的常规操作流程中，应包括一套师生双方都会经常使用的工具。

排在首位的是学习管理系统或中心平台，这些平台通常由学校或学生选定，学生通过它访问教师分享的内容。它堪称是数字教学的中枢，该类平台不仅实现教学资源分发，更构建师生双向互动通道。学生通常会在这个平台上提交自己创作的作品给教师。作为内容分发和组织的核心平台，所选的系统或平台不仅奠定了教学组织框架的基础，并进一步影响你选择添加到教育技术工具箱中的其他工具，甚至持续影响后续的教育技术工具的整合策略。关于学习管理系统，我鼓励你“欣然接受”，因为这是你教育技术工具箱中常被要求使用且学生在过往学年或课程中已经熟悉的部分。你需要确保引入的任何其他工具都能与该平台良好兼容。

你的教育技术工具包包括用于教学和学习的常用数字工具，本质上是一套经过教学认证的解决方案集合。以下是一些通用问题，可帮助确保你教育技术工具箱中的工具能够满足整个学年的需求。这些问题既可用于既有工具的效能核查，也能发现潜在的功能缺失。教师可以根据学生的具体学情和学科特点，对评估维度进行动态的探索，你可能需要在以下问题清单中添加更多问题：

- 是否有工具可以评估学生的理解情况，以便所有学生都能展示他们的学习成果，实现全班学习效果的可视化？
- 是否已确定了开放式创作工具，让学生有空间创作出能够展示其学习成果的产品，让学习成果以多模态呈现出来？
- 此类工具是否具备协同作业功能，能够允许学生与同伴协作并共同实现目标？
- 这些工具是否有助于学生培养可迁移技能，以便他们在不同情境中加以应用？
- 这些应用程序或网站是否能在学生当前的学习环境（家庭、学校、混合环境）中运行？它们是否满足了网络环境、无障碍访问及终端设备的兼容性要求？

团队协作

在第6章中，我们主要从学生的视角探讨了课堂中的协作。对于教育工作者而言，团队协作同样至关重要。无论是年级团队、部门还是兴趣小组，协同工作——尤其是在深思熟虑的技术整合这一共同目标下——能够为教学实践提供坚实的支持。通过异步和同步的专业协作，可以利用数字工具创建精选资源的集合。

无论是异步协作还是同步协作，都可以创建一个共享空间，供团队成员添加链接、文件、视频及其他资源，形成资源集合。在共同规划时，你可以设定特定的重点，例如制作视频合集以帮助学生准备单元考试，或为整个年级围绕某一主题的研究项目提供支持。你可以在很多在线协作类平台上开通允许多人查看或编辑的权限，让同事以协作者的身份参与进来，共同创建资源集合。你也可以创建共享文件夹，让同事们在整个学年中持续添加资源。

人工智能能否成为你的新协作伙伴

作为一名一线教师，我有幸与一群支持我的、易于沟通的同事共事，他们对合作备课表现出浓厚的兴趣。然而，并非所有学校或学区都具备这样的条件，尤其是在你是唯一教授特定主题或学科的教师的情况下。正如我们在第3章中所探讨的，在这种情况下，可以将人工智能作为合作伙伴来协助教学规划。例如，你可以分享一个想法并请求反馈，使用如下提示：

- 我正在考虑为我的[学生描述]小组采用[想法]。请问这个想法有哪些潜在的优势和挑战？
- 我计划通过[活动]来教授[主题]。在向我的学生小组介绍之前，我应该注意哪些关键因素？

为教学模式的转变做好准备

我们未曾预料到，新冠疫情会在如此迅速且紧急的情况下导致转向远程教学，美国数百万学生突然转为居家学习，教师们则通过远程方式支持学生。这些未知变量如今已成为既定现实，尽管快速的教学模式转变看似难以复现，但我们仍然应该意识到将阶段性的远程学习纳入技术整合总体规划中的必要性。

现有的课堂教学中蕴含诸多行之有效的优质实践方案，可以满足课堂外教学与学习的需求。2020年春季的远程教学紧急转型堪称教育系统的重大挑战，然而，那些能够以最小干扰平稳过渡到居家学习的课程与教学，具备了一些关键要素。除了拥有用于分发和收集学生作业的中央枢纽或平台外，这些课堂还投入了时间来建立可扩展且适应不同学习环境的标准化常规流程。

在《教育领导力》（*Educational Leadership*）特刊《新现实：正确实施远程学习》（*A New Reality: Getting Remote Learning Right*）的一篇文章《保持简单，学校》（“Keep It Simple, Schools”）中，贾斯汀·里奇（Justin Reich）建议：“教育机构应最大限度依托现有技术基础实现教学资源分发与学情监测，并保持与学生的联系。”为确保教学模式转型的有效实施，必须建立完备的技术基础设施体系，并制定规范化的教育技术应用流程。

课堂常规的建立并非新鲜事物。1年级教师可能会制定放学时收拾物品的常规流程，而10年级化学教师则会制定实验室安全规范；这些常规均基于相同的理念。在开发与技术整合相关的课堂常规时，应考虑教学模式可能发生的变化。你可能会发现，无论学生是在家中还是在学校参与学习，一些常规的运作方式都完全一致，而另一些常规则需要进行适当调整以适应家庭学习环境。在审查现有与技术使用相关的课堂常规并在整个学年中建立新的常规时，建议重点考虑以下问题：

- 我们是否拥有中央枢纽、平台或学习管理系统来组织和分发教学内容？

- 学生是否熟悉如何自主导航我们使用的在线空间，还是需要教师的现场指导？
- 我们是否有可扩展且灵活的常规流程，如有需要可以进行调整？
- 如何将自主学习机制融入传统的同步课堂环境中？
- 目前我们如何评估学生的学习效果？如果学生在家学习而非在实体教室中面对面学习，这又会有哪些不同？

应对公平与获取问题的挑战

在规划任何新型教育举措时，公平与获取问题应作为关键考量因素，教育技术项目也不例外。“数字鸿沟”这一术语描述了学生在获取技术资源方面存在的系统性差距。为家庭配置统一设备或无线网络热点并不等同于培养学生在数字空间的熟练操作能力。尽管个别地区通过学校向家庭发放更多设备而使获取差距有所缩小，但我们要意识到配置硬件设备与构建战略支持方案、实现高质量教育技术学习体验之间仍存在着本质差异。

2019年，劳拉·阿瓜达·霍尔伯格（Laura Aguada Hallberg）和路易丝·圣地亚哥（Louise Santiago）在《为公平而领导：从意识走向承诺的5个步骤》（*Leading for Equity: 5 Steps from Awareness to Commitment*）中指出：“作为教育公平导向的领导者，我们必须识别制度偏见和隐性假设，以避免在系统转型过程中落入路径依赖的陷阱。”以下问题可以引导你围绕学生体验展开讨论：

- 学生是否需要在课堂之外使用设备才能有效完成作业？
- 我们社区的网络连接情况如何？学校是否建立了有需要的弱势家庭

支持体系？

- 所有学生是否均等获得在线空间导航技能培养及工具应用训练机会？
- 我们学校采用的课程或应用程序中的词汇、图像和示例是否对所有学生具有包容性？
- 是否通过需求调研明确学生及家庭在校内外学习场景中的支持诉求？
- 技术咨询渠道是否畅通？家庭和学生是否知道去哪里获取技术支持、提出问题以及学习如何将技术用于学术体验？这是否是一个安全性良好，且包容友好的环境？

为学生、家庭和教职员工提供分享他们对这些问题的看法的机会，而不仅只是提出一系列问题或发送一份调查问卷。你可以利用这些问题来开启对话、引导讨论，鼓励更多想法的提出，以便深入了解你所在学校社区的独特需求。虽然在学年开始时与家庭联系可能感觉很自然，但这种承诺不应仅限于单一事件或单次会议，而应包括定期的沟通以及随时欢迎他们提出问题的开放邀请，确保开启持续性对话的窗口，构建长效沟通的生态。

认识到媒体素养与数字公民意识的重要性

在本书第1章中，我们探讨了帮助学生凭借媒体素养和数字公民意识驾驭数字空间的战略性价值。在制定教育技术整合方案时，必须将这两大核心素养纳入顶层设计，这需要定期规划与动态评估的反思机制。人工智能时代要求学习者具备3项关键能力：数字空间评估能力、媒体内容真实性鉴别能力，以及人工智能在信息资源中的角色辨识能力。建构媒体素养与数字公民意识培养体系需重点回应以下问题：

- 在我所教授的年级或学科领域，媒体素养的具体表现是什么?
- 我如何为学生树立数字公民意识的榜样?
- 作为数字公民，我对学生有哪些具体期望?
- 在线教学场景中，我和学生可能遭遇哪些数字公民的技术伦理困境?
- 我对培养学生的数字公民意识有何承诺?在培养他们的价值取向方面，我应该重视哪些方面?
- 我如何引导学生讨论人工智能生成的内容?
- 是否存在跨学科协同机制，以展示学校层面对媒体素养和数字公民身份的更大承诺?

在构建区域或学校教育技术愿景时，应将数字公民与媒体素养目标纳入战略规划。教育工作者可通过“技术可教时刻”（Tech-able Moments）——如澄清认知偏差、溯源信息可靠性、解决突发技术疑问等教学情境——有机融入素养培养。在探索这些主题并致力于将相关技能融

在学校教育中融入人工智能

正在探索人工智能在学校教育环境中应用的教育工作者，可能希望听听我在《轻松教育技术》播客中与马奎塔·S. 布莱兹博士（Dr. Marquita S. Blades）的对话。我们深入探讨了将学校价值观与人工智能框架相连接的策略，强调教学法优先于教育科技工具的重要性，并重新构想了关于人工智能如何为教师节省时间的讨论。

入日常工作中时，需要特别指出的是，缺乏将数字公民身份和媒体素养技能维度纳入课程和教学活动中的战略设计，任何技术创新都难以取得预期成效。

以人工智能思维进行规划

如何以人工智能为出发点进行规划？在本书前面的章节中，我们探讨了利用生成式人工智能工具开发活动创意、创建引人入胜的沟通内容以及简化重复性任务的方法。利用人工智能的力量进行教学规划只是以人工智能思维进行规划的一个方面。此外，还需要规划生成式人工智能已知、预期和未知的影响，这是非常重要的工作。学校、学区和教育组织需要关注并应对这一不断发展的领域中的变化。比如，教育行政部门及学校管理机构应建立技术影响监测机制，持续追踪智能教育生态趋势。尽管本书的重点在于面向课堂的策略及教育工作者如何使用生成式人工智能工具，但你也可以与整个学区就这一话题展开讨论。为应对生成式人工智能在教育环境中的影响而制定计划，可能包括以下引发讨论的问题：

- 我们应在学区的人工智能教育政策中包含哪些内容？
- 我们应向哪些组织和机构（如教育技术办公室）寻求有关人工智能在

第239期

微博客

在本期节目中，我邀请了马奎塔·S.布莱兹博士，就如何为学校引入人工智能制定框架展开了一场及时的讨论。你还将听到有关如何将学校的价值观与人工智能框架相联系、将教学法置于教育技术工具之前以及重新定义人工智能如何帮助教师节省时间的策略。

教师的人工智能框架小贴士

- 将价值观与人工智能目标相联系。
- 先考虑策略，再考虑工具。
- 重新定义有关节省时间的方式的讨论。

教育中影响的指导？如何借助教育技术办公室等专业机构构建人工智能教育影响评估体系？

- 哪些框架或标准（如本书提到的ISTE标准）可以帮助我们设想学生、教师和学校领导对生成式人工智能的合规适度使用？

本章思考

本章提出了许多问题，旨在帮助你为各种教学模式中的技术整合制定计划。灵活性和反思是任何教育规划的关键，这一点在应对生成式人工智能的影响时同样适用。此外，还需考虑技术整合。利用本章中的问题及本书中的教育技术要点来规划你在学年中使用教育技术的目标。这项工作没有一刀切的方法，你的教育技术计划将在一个学期或学年中不断发展。积极主动且灵活应变的计划至关重要，尽管在教学或交付模式发生变化时你可能需要调整方向，但将目标建立在本书所述的教育技术要点之上，将确保学生在任何学习场景中都能获得持续成功的技术赋能支持。

附录A

基础要素与附加建议

本附录总结了每章中的关键观点，旨在帮助你在自己的学习环境中优先处理教育技术的基础要素。此外，还提供了一些“附加建议”，以助你更加深入地探究这些基础要素。

高效导航在线空间：创造搜索即学习的体验

基础要素：

- 分析在线文本特征，以确定获取优质信息的途径。
- 通过出声思考和示范支持学生的搜索。
- 展示组织信息的具体方法。

附加建议：

- 为学生创建在线寻宝游戏，让学生练习数字空间导航技能。
- 让学生就某一主题列出资源，以练习评估技能。
- 鼓励学生与同学分享自己的思维导图和图形组织器，促进同伴学习。

精心挑选资源：支持每一位学生

基础要素：

- 以学习目标为导向，注重资源的质量而非数量。
- 确保资源能代表并反映学生的真实情况。
- 根据学生的需求选择资源，实现差异化教学。

附加建议：

- 与同事合作，为学生创建精选资源清单。
- 在线上平台与专业学习网络分享精选的资源清单。
- 整理家庭可用以支持孩子在家学习的资源清单。

充分利用生成式人工智能：开发教学资源与创意

基础要素：

- 利用聊天机器人收集即将开展活动的想法。
- 根据学生需求定制课程计划和活动设计。
- 在生成式人工智能的帮助下实现差异化教学。

附加建议：

- 创作图像以补充课程内容。
- 探索生成式人工智能的不同输出形式。
- 练习提示工程，考虑各种因素。

以人工智能思维评估数字内容

基础要素：

- 审查在线内容时了解来源和归属。
- 利用人工智能概念，引发有关数字公民身份的讨论。
- 了解潜在的人工智能内容生成机制，从而在数字空间中游刃有余。

附加建议：

- 将评估与英语语言艺术技能（如精读）相结合。
- 探讨人工智能生成的音频和视频内容的潜在用途。
- 与学生和同事一起开展“事实核查”活动，提升师生双方的批判性思维能力。

与学生一起探索世界

基础要素：

- 向学生介绍与他们自身不同的世界，拓宽视野。
- 为学生提供思考和提问的机会，激发好奇心。
- 利用虚拟世界将学生带到与众不同的新世界。

附加建议：

- 与全球伙伴班级建立联系，在新空间实现跨时空的跨文化讨论。
- 定期邀请嘉宾演讲，纳入日常教学活动中，丰富学生的学习体验。
- 创造适合家庭参与的学习体验，将虚拟探索从课堂延伸到社区。

跨数字空间合作

基础要素：

- 提供异步协作和同步协作的机会。
- 创建与内容目标相关的同伴反馈机制。
- 利用技术友好型功能增加讨论活动的附加价值。

附加建议：

- 邀请你所在学校、学区或更广泛社区的其他班级参与合作活动，扩大交流范围。
- 创造跨界合作的机会，并从合作伙伴组织获得反馈循环。
- 为可能选择以自我节奏模式为大型项目做贡献的学生提供异步选项。

创建多模态学习成果

基础要素：

- 使用范例来展示期望并为学生设定愿景。
- 设计包含技术友好型增值功能的任务。
- 根据需要区分学生的过程和成果。

附加建议：

- 给学生机会提出他们想要创作的产品类型的想法。
- 使用作品集让学生在全学年期间收集他们的作品。
- 与不同学科领域的同事合作，开展跨学科创作。

评估以检查理解程度并调整教学方向

基础要素：

- 确定成功的标准，明确所需信息以评估学生的理解情况。
- 创建常规评估机制，贯穿整个学年使用。
- 利用数字工具的多种功能从每个学生那里收集更为全面的数据（例如，文本、音频、插图）。

附加建议：

- 通过让学生在平台上发布对同学作品的回应并庆祝同学的作品，使评估具有社交性。
- 利用视频会议功能，包括聊天空间和分组讨论室，实时检查学生对知识的理解情况。
- 通过制作视频或屏幕录制教程为学生设计个性化干预措施，提供针对性支持。

分享学生创作：大处着眼，小处着手

基础要素：

- 为学生提供运用口语和听力技能讨论其学习和成就的机会。
- 在数字空间中庆祝大大小小的时刻。
- 将视觉交流纳入学生分享计划。

附加建议：

- 每周或每天安排时间让学生分享其成就。

- 将分享与个人品牌和社交媒体的讨论联系起来，培养数字素养。
- 给学生选择在公开在线空间分享（经本人／监护人许可）的机会。

让学生与真实受众建立联系

基础要素：

- 根据学生表达的兴趣定制任务，提高他们的参与度。
- 在向学生介绍拓展学习体验时，先明确受众。
- 明确学生创作的目的（例如，说服、娱乐、告知）。

附加建议：

- 让学生有机会研究并选择其作品的受众，增强责任感。
- 与合作班级建立联系，全年分享更新和成就。
- 以社交媒体风格的视频创作和帖子作为学生作品的灵感。

在不同的数字空间中迁移技能

基础要素：

- 为学生提供在数字空间中培养独立性的机会。
- 向学生提问，帮助他们解决技术问题。
- 为学生示范解决问题和适应变化的方法。

附加建议：

- 为学生介绍在导师指导下进行自主学习的机会。
- 邀请学生在每周会议上与同学分享解决问题的策略或有用的技巧。

- 为学生创造技术支持的机会，以增强他们的独立性。

规划技术丰富型学习体验

基础要素：

- 制定教育技术愿景和使命宣言。
- 引入一个平台或中心，集中分发和收集学习资源。
- 定期审查并重新审视公平性和可及性方面的差距。

附加建议：

- 举办数字工具分享活动，让同事分享新的教育技术工具或资源以及它们在课堂上产生的影响。
- 寻找具有类似教育技术愿景和使命宣言的合作学校或组织，共同规划。
- 设计面向家庭和社区的学习活动，帮助培养在多种学习环境中支持技术使用的技能。

附录B

采取行动的资源

目标设定

你的个人教育技术使命是什么?

你在教育技术整合方面有哪些优势?

目标时间表:

- 本周:
- 本月:
- 今年:

技术合作伙伴规划页面

合作伙伴1：

合作伙伴2：

我们共同面临的挑战是什么？

我们希望达成什么目标？

帮助我们实现目标的3个步骤：

1.

2.

3.

我们的时间表：

开始：

结束：

打造我的工具包

我目前掌握了哪些工具？

哪些工具在我的关注范围内，但尚未纳入我的工具包？

我的工具包里还缺什么（我需要一个能……的工具）？

接下来我会尝试哪些工具？（包括我的“理由”）

生成式人工智能提示的规划页面

你希望通过聊天机器人来创造或弄清什么？

你希望生成什么样的格式（例如，段落、列表、诗歌）？

你希望传达什么样的语气（例如，友好、专业、支持）？

你能提供关于上下文的哪些细节（例如，受众、先验知识、示例）？

自我评估 #1

你对教育技术基础要素的熟悉程度和信心水平如何？（请用1—10的等级表示，1为低，10为高。）

高效导航在线空间。

熟悉程度和信心水平：______

为每位学生精选资源。

熟悉程度和信心水平：______

借助生成式人工智能生成想法和资源。

熟悉程度和信心水平：______

以人工智能思维评估数字内容。

熟悉程度和信心水平：______

与学生一起探索世界。

熟悉程度和信心水平：______

在数字空间中开展协作。

熟悉程度和信心水平：______

创建多模态学习成果。

熟悉程度和信心水平：______

评估以检查理解程度并调整教学方向。

熟悉程度和信心水平：______

分享学生创作。

熟悉程度和信心水平：______

将学生与真实的受众联系起来。

熟悉程度和信心水平：______

在不同的数字空间中迁移技能。

熟悉程度和信心水平：______

规划技术丰富型学习体验。

熟悉程度和信心水平：______

自我评估#2

在哪些方面你表现突出、出色、正在成长？

- 突出：在关键方面表现出色，准备好支持同事。
- 出色：工作出色，准备好分享成功故事。
- 成长：有目标地努力工作，寻找支持或技术伙伴。

高效导航在线空间：创造搜索即学习的体验。

- 突出：
- 出色：
- 成长：

精心挑选资源：支持每一位学生。

- 突出：
- 出色：
- 成长：

充分利用生成式人工智能：开发教学资源与创意。

- 突出：

- 出色：
- 成长：

以人工智能思维评估数字内容。

- 突出：
- 出色：
- 成长：

与学生一起探索世界。

- 突出：
- 出色：
- 成长：

跨数字空间协作。

- 突出：
- 出色：
- 成长：

创建多模态学习成果。

- 突出：
- 出色：
- 成长：

评估以检验理解程度并调整教学方向。

- 突出：
- 出色：
- 成长：

分享学生创作：大处着眼，小处着手。

- 突出：
- 出色：
- 成长：

让学生与真实受众建立联系。

- 突出：
- 出色：

- 成长：

在不同的数字空间中迁移技能。

- 突出：
- 出色：
- 成长：

规划技术丰富型学习体验。

- 突出：
- 出色：
- 成长：

附录C

莫妮卡与聊天机器人交流的常用提示语

沟通

使用以下提示来起草电子邮件，你可以根据收件人进行调整。这是快速起草电子邮件或设置电子邮件模板的好方法。当你粘贴电子邮件草稿时，请删除个人信息，如姓名。

- 为我的电子邮件校对语法、拼写和标点错误[粘贴电子邮件草稿]。
- 建议如何改写或重新组织我的句子以提高清晰度和连贯性[粘贴电子邮件草稿]。
- 重写此电子邮件，使其更[形容词][粘贴电子邮件草稿]。
- 给一位[他们如何帮助]的家庭成员写一封感谢信。
- 给[人]写一封电子邮件，了解[主题]的情况，看看他们是否想安排一次会议。

活动创意

如果你正在教授新内容或想向一组学生介绍新主题，可以尝试以下提示之一。这些提示可以帮助你开启新单元或让学生对一系列课程感到兴奋。

- 有哪些有趣的方法可以向[年级]介绍[主题]？
- 写一篇关于[主题]的示范文章，包括[特征]。
- 以[艺术家/流派]的风格写一首歌，教学生关于[主题]的知识。
- 提供一些开放式问题的例子，以纳入关于[主题]的学生调查[内容]中。
- 用一个比喻来解释[主题]，以便[年级]的学生能够轻松理解。

词汇支持

向学生介绍新词汇的方法有很多，以下这些聊天机器人提示可以帮助你进行词汇教学。如果你正在为某个主题背景知识水平各异的学生群体授课，这些提示会特别有用。

- 解释[单词]的意思，并将其放入一个句子中。
- 写一首强化[单词]意思的歌。
- 写出[单词]的同义词和反义词列表。
- 列出与[主题]相关的重点词汇。
- 给我一个与[主题]相关的词汇，每个字母一个。

资源收集

为了给学生收集有用的资源，你可以使用提示来推荐课程、提示词和其他建议。这些提示对于寻找资源与全班或部分学生分享的教师来说非常有用。

- 推荐适合[年级]的关于[主题]的[类型]书籍。
- 写[数量]个关于[主题]的适合孩子的笑话。

- 推荐一些工具或资源，帮助我为学生制作互动式演示文稿。
- 我的学生对[主题]感兴趣。列出与他们的[兴趣]相关的资源。

生产力

尽管所有这些提示都能帮助你节省时间，但它们更多地属于生产力类别。它们可以帮助简化耗时的任务或解决其他与生产力相关的问题。与同事分享你最喜欢的生产力提示。

- 为与[团体]关于[主题]的会议制定议程。
- 总结我在关于[主题]的会议上的笔记[粘贴你的笔记]。
- 为我制作一个用于跟踪日常习惯的电子表格，列包括[日期]、[习惯#1]、[习惯#2]和[习惯#3]。
- 使用粗体、斜体和下划线突出显示关键信息并引起对要点的注意[粘贴你的写作]。
- 将此列表转换为表格， 列用于[类别]，另一列用于[类别]。

附录D

供师生使用的教育技术工具和资源合集

以下列表包含了本书各章节中提到的工具，还有一些额外的工具。其中许多是免费的，而其他一些则采用免费增值、试用或付费模式。有些工具在多个章节中都有提及，还有许多工具能解决本书探讨的多个关键问题。除了这里列出的工具，在本书各处，你还会找到关于书籍、学习机会、播客集、组织和在线资源的推荐，以支持你今年的工作。

注意：我经常与一些受欢迎且不断发展的教育科技公司合作，并在幕后为其工作，其中包括这里提到的几家。你需要确保使用的任何教育科技工具都得到了你所在学校或学区的批准，并符合《儿童在线隐私保护法》（COPPA）、《通用数据保护条例》（GDPR）或州和地方对学生使用的相关要求。

帮助学生探索世界的工具类型：

- 嵌入虚拟现实技术的工具
- 增强现实工具
  - 交互式地图

    - 全景式地图
    - 沉浸式地图

帮助学生创作的工具类型：

- 图形设计工具
- 网站构建工具
- 电影/视频制作工具
- 播客制作工具
- 电子书创作工具
- 思维导图工具
- 文字处理工具
- 演示工具
- 3D建模工具

构建作品集和分享资源集合的工具：

- 着陆页
    - 数字故事生成器
- 二维码生成器
- 网站构建
- 作品集集合

提高生产力的工具：

- 项目管理工具

- 时间管理/专注工具
  - 笔记工具
- 协作白板工具
- 电子表格工具
  - 语法校对工具
  - 屏幕录制工具
  - 头脑风暴工具
  - 任务管理工具
  - 生成式人工智能聊天机器人

教师评估工具：

- 人工智能测验题生成器
- 音频评论工具
  - 视频回复工具
- 协作发布工具
- 人工智能写作助手
  - 写作提示生成器
- 人工智能支持的演示生成器
- 在线投票工具
- 头脑风暴工具
- 互动演示工具
- 解释视频制作工具

补充课程资源：

- 解释视频
- 播客平台
  - 在线百科
- 人工智能驱动的资源创建工具
- 社会情感学习资源
- 视频库
- 视频教程
- 时事文章
- 信息性文章
- 朗读视频
- 教育视频平台
- 视频平台

学习和内容管理工具：

- 学习管理系统
- 基于云的共享
- 内容管理系统
- 交流和社交工具
- 视频会议工具
- 社交媒体工具

第1章 高效导航在线空间：创造搜索即学习的体验

1. 学生们在上学期间目前使用哪些在线空间？

2. 学生们如何利用视频来获取信息？

3. 学生在评估信息时会遇到哪些困难？

第2章 精心挑选资源：支持每一位学生

1. 通常与学生分享哪些类型的内容？

2. 你是如何为学生精心挑选“恰到好处”的资源的？

3. 你使用什么系统向学生分发内容？

第3章 充分利用生成式人工智能：开发教学资源与创意

1. 你目前如何利用生成式人工智能来支持教学规划？

2. 生成式人工智能能帮助你达成哪些目标（例如，实现差异化教学）？

3. 你是如何优化提示以确保获得期望结果的？

第4章 以人工智能思维评估数字内容

1. 如何判断一段内容是否真实且高质量？

2. 在课堂上讨论人工智能时，你可以通过哪些方式融入数字公民意识？

3. 你目前是如何与同事和学生讨论内容归属问题的？

第5章 与学生一起探索世界

1. 同理心在学生使用数字资源的过程中扮演着怎样的角色?

2. 如何利用不同的技术帮助学生探索一个空间?

3. 你能够通过哪些方式利用技术激发学生的好奇心?

第6章 跨数字空间协作

1. 目前学生参与了哪些类型的协作?

2. 同步协作和异步协作在实际操作中分别是什么样子的?

3. 如何利用技术带来的“附加值”来支持学生反馈?

第7章 创建多模态学习成果

1. 你的学校或课堂上，目前消费与创造数字资源之间的平衡状况如何？

2. 学生可以制作哪些类型的产品来分享他们的学习成果？

3. 你如何区分学生的学习成果？

第8章 评估以检验理解程度并调整教学方向

1. 形成性评估目前在你的学校或课堂中发挥着怎样的作用？

2. 如何将传统模式与技术带来的“附加值”相结合？

3. 在教学学年内，你如何能使“离场券”“出站票”发挥作用？

第9章
分享学生创作：大处着眼，小处着手

1. 学生可以通过哪些方式参与实时视频会议或观看预先录制的视频？	
2. 在你的教室或学校里，“日常分享”会是什么样子？	
3. 学生如何通过品牌宣传交流来改善分享自己作品的方式？	

第10章 让学生与真实受众建立联系

1. 为什么“以终为始”很重要？

2. 作者的创作意图在学生作品创作中扮演着怎样的角色？

3. 你可以通过哪些方式确保学生作业对学生来说具有真实性和相关性？

第11章 在不同的数字空间中迁移技能

1. 你会采取哪些行动，帮助学生培养在数字空间中的独立性与自主性？

2. 你如何将自主学习机会融入到你的教学中？

3. 故障排除是一项重要技能，值得示范。你会怎样在课堂演示？

第12章 规划技术丰富型学习体验

1. 你的教育科技愿景和使命是什么？

2. 你是如何解决公平性和可及性方面的顾虑的？你在整个学年中又有什么计划来持续关注这些问题？

3. 你将如何决定哪些工具应纳入你的教育技术工具包？

认知心理学家
解开大脑学习的
运作结构，
如何更有效地
学习与思考
为什么
学生
不喜欢
上学
[美] 丹尼尔·T. 威林厄姆 著
Daniel T. Willingham
Why Don't
Students
Like
School?

教学与学习的科学

每位教师都应知道的56项教育研究成果

畅销书《学习的科学》作者全新力作
从认知科学出发重塑教育底层逻辑

作 者：（英）布拉德利·布什
（英）爱德华·沃森
（英）卢德米拉·博加特切克
出版社：中国青年出版社
ISBN：9787515371399

★ 推荐语 ★

● 《可见的学习》作者、墨尔本大学教育研究所荣誉教授约翰·哈蒂推荐。

● 前作《学习的科学：每位教师都应知道的99项教育研究成果（升级版）》入选中国教育新闻网2023年度“影响教师的100本书”。

● 本书作者精挑细选56项经典的、前沿的教育研究，将教育研究成果可视化，将专业的科研成果转化为易实操的教学实践，打破科学理论与实际应用之间的壁垒。

● 本书立足于科学与教学的融合，涵盖教学与学习56项教育研究成果，从认知科学出发重塑教育底层逻辑，帮助教师更好地理解教学与学习，更轻松地把握关键原则，更有效地运用教学策略。

用心学习

教育大师托尼·瓦格纳的学习之道

作　者：[美] 托尼·瓦格纳
出版社：中国青年出版社
ISBN：978-7-5153-6668-5
定　价：59.90元

一部不平凡的自传式教育著作
带你在不平静的时代里，用心学习
你终将理解自己和周围的世界

- 国内外教育界专家一致推荐：北京第一实验学校校长李希贵、清华大学附属小学校长窦桂梅、趋势专家丹尼尔·平克、教育心理学家霍华德·加德纳、教育创新先锋泰德·丁特史密斯与肯·罗宾逊、亲子教育专家玛德琳·莱文等……
- 你将收获关于学习和教育的全新见解：
  真正明白这个世界就是重塑世界
  多元文化教育与教育反思
  为什么夏令营就是教育
  如何为学生设计自主学习项目和服务型学习
  如何让兴趣与学习并行，让实践与书本相结合
  如何将个人优势转变为社会价值？

内容简介　一个热爱阅读和写作的任性男孩对世界保持好奇心；一个被“恶语老师”贴上“废物”标签的学生，在成长中的每一个失败时刻与宣判式的回声做抵抗；一个带着急躁和冲劲的年轻人，为接近生活真相辍学，又为何重返大学？一个身处动荡的学习者，不断追问自我与周围的世界；一个毕业于哈佛的大学的高才生教师，帮助学生设计学习项目，讨论道德困境和艰难选择；一个创新教育的推崇者，帮助教师在课堂之外寻找教与学的机会……

作者简介　托尼·瓦格纳是全球公认的杰出教育家，曾任哈佛创新实验室常驻专家，现任学习策略研究所的资深研究员。